7/18

D1547777

Las runas mágicas

Juan Cambronero

Las runas mágicas

EDICIONES OBELISCO

Si este libro le ha interesado y desea que le mantengamos informado de
nuestras publicaciones, escríbanos indicándonos qué temas son de su interés
(Astrología, Autoayuda, Ciencias Ocultas, Artes Marciales, Naturismo,
Espiritualidad, Tradición…) y gustosamente le complaceremos.

Puede consultar nuestro catálogo en www.edicionesobelisco.com

Colección Magia y Ocultismo
Las runas mágicas
Juan Cambronero

1.ª edición: marzo de 2018

Corrección: *M.ª Ángeles Olivera*
Diseño de cubierta: *Enrique Iborra*

Edita: Ediciones Obelisco, S. L.
Collita, 23-25. Pol. Ind. Molí de la Bastida
08191 Rubí - Barcelona - España
Tel. 93 309 85 25 - Fax 93 309 85 23
E-mail: info@edicionesobelisco.com

ISBN: 978-84-9111-319-5
Depósito Legal: B-3.809-2018

Printed in Spain

Impreso en Gráficas 94, Hermanos Molina, S. L.
Polígono Industrial Can Casablancas
c/ Garrotxa, nave 5 - 08192 Sant Quirze del Vallès (Barcelona)

Prefacio

Cuando nos adentramos en el conocimiento de un tema tan antiguo y a la vez enigmático como son las runas, siempre nos centramos en la red arquetípica que la Tierra y el hombre han tenido en sincronía desde hace muchísimos siglos. La rica pluma y el conocimiento engranado entre el significado de las runas y los elementos astrológicos de Juan Cambronero exponen su mágica conexión con el simbolismo ancestral. Juan logra simplificar los principios más complejos en prácticas herramientas de interpretación y geniales consejos. De ahí el indiscutible valor de esta nueva obra de Cambronero, que es obligatoria para cualquier lector que ame la simbología.

Enzo de Paola,
Psicólogo, astrólogo y escritor,
Presidente de FEVA (Federación Venezolana de Astrólogos).

Con claridad, seguridad, pasión y humor, en sus cursos y en esta joya de libro, el astrólogo Juan Cambronero nos transmite el ancestral conocimiento de las runas. Con su estilo natural y auténtico logró despertar en mí un serio interés por las runas, las cuales muestran un lenguaje simbólico y universal como la astrología.

Walter Anliker,
Astrólogo consultor y escritor.

Gracias, Juan Cambronero, por tan hermosa obra, ese tipo de lectura en la que tras iniciarla es imposible parar, ya que es didáctico, creativo, práctico e innovador, y se expresa con las palabras justas, y, lo que es fundamental, es la experiencia personal de toda una vida compartida con el lector.

No le falta nada: sugerencias, consejos oportunos como herramienta necesaria para el profesional y como guía indiscutible para el consultante y, por si fuera poco, un cierre inspirado del autor que refleja su vida y que titula «Olvidé». Felicidades, y gracias de nuevo por compartirlo.

Hugo Bonito,
astrólogo predictivo.

Juan Cambronero es un hombre que nació en el rudo macizo español, donde el arte en piedra es milenario. Es heredero de siglos de conocimiento ancestral y también artista, sobre todo un gran artista con una sensibilidad por encima de lo normal, maestro de las piedras, creador de joyas mágicas y estudiante del arte de Urania. Ha sido todo un lujo recorrer sus letras en este tratado de runas y mucho más.

Tito Maciá,
profesor de astrología.

Presentarles a Juan Cambronero es una delicia, y estoy absolutamente convencida de que a medida que se vayan adentrando en la lectura de este libro, se irán abriendo las puertas del autoconocimiento, latentes en cada uno de nosotros.

Destaco la siguiente frase: «Tras el miedo, encontraremos luz y entendimiento, sólo hay que sobrellevar la búsqueda, explorarnos». He aquí la clave de todo camino, el encuentro con nosotros mismos, el origen de nuestro ser.

Animo al lector curioso de sí mismo para que se deje cortejar por este extraordinario camino en el cual las runas son compañeras de viaje, dulces y amorosas, mensajeras de la luz.

Nora Belmont,
biodescodificadora.

Incomparable representante de su signo solar Sagitariano, Juan Cambronero, fiel a su instinto buscador y explorador en aquellas parcelas del conocimiento ancestral legado por los sabios y eruditos de todos los tiempos, sabe reconocer el tesoro subyacente en todas y cada una de las artes que utiliza en este libro. Juan nos ofrece de una forma amena y accesible la síntesis de su experiencia de más de treinta años de estudio y búsqueda.

Gracias, Juan, por tu energía,
Eliseo Gallardo, astrólogo.

Dedicado a...

Mi familia planetaria de cuatro mil generaciones, desde que bajé del primer árbol, comencé a andar y me convertí en homínido.

Mi Madre, que me ha enseñado a seguir el camino de la luz y a ser tan independiente.

Mis guías, que me han dado luz en las sombras cuando mis ojos no veían.

Mis amigos de México y La Habana, Valladolid y Canarias, a mis gentes de Bilbao, Donosti, Vitoria, Toledo, Valencia, Castellón, Palma de Mallorca, Ibiza, Formentera, Barcelona, Sitges, Lisboa, Oporto, Madrid, Córdoba, Málaga, Jerez, Cuenca… Argentina, Italia, Venezuela, Colombia, Chile, Nueva York, Rajastán y Delhi, donde pasé períodos de mi vida llenos de aventuras.

La gran familia de artistas repartidos por el mundo y a todos los que no dejan de buscar su sitio en el mundo.

Mis colegas, los astrólogos, con los que he crecido.

Todos mis clientes, tanto del mundo de las joyas como en el campo esotérico, gracias por haber creído siempre en mí.

A todas mis compañeras de camino que me han enseñado a amarme a mí mismo, ya que el otro siempre es una proyección de quien en realidad uno es.

También a todas las bellísimas personas que me he ido encontrando a lo largo de mi caminar, que me han enseñado a ser un poco más sapiens y un poco menos homínido.

A todos, en general, mil gracias por existir y querer ser partes de mi mundo.

Bienvenidos y muchas gracias.

Vive, siente, descúbrete...

Comprueba quién eres, desintégrate y luego unifícate.
Experimenta en la búsqueda si estás perdido; así es como te encontrarás.
Comprueba que eres feroz como un lobo y dócil como un cordero.
Reta tu miedos en vez de temerlos, explica, desde la calma, a tus fantasmas
que son partes de ti, aprende de ellos, de las zonas oscuras de tu mente,
de tus apegos... Inunda de luz tus sombras desde la calma que otorga la
consciencia y la meditación; el miedo a la luz es lo que realmente paraliza al
hombre, por ello... libérate.
Siente la soledad más profunda que hay dentro de ti para descubrir que no
estás solo, camina por el fango, ensúciate si es necesario,
mas cuando te laves, podrás comprobar la inmensa blancura de tu ser.
Ama tu dolor, porque tan sólo quiere hacerte fuerte.
Focaliza con corazón y mente tus objetivos, mas
si es preciso, estréllate para comprobar la fortaleza de tu coraza y
no tengas miedo a la velocidad si hay perfección en tu vuelo.
El instinto guiará tus límites y éstos serán, a su vez, tus raíces.
Disfruta ante las sensaciones supremas que la vida te brinda.
El pasado pertenece a la memoria y el futuro lo estamos creando
desde el presente. Vive el hoy.
Disfruta del ahora y no crees expectativas, fluye con la vida,
porque la vida es fluir.
No alimentes aquello que no quieres que siga habitando
en ti durante más tiempo.
No olvides que la verdadera dificultad reside en descifrar la sencillez.
Sé sabio, eres lo que piensas y en lo que piensas te conviertes.
Reza a tu dios, pero no olvides a tu demonio, recordando que toda luz
proyecta una sombra y no hay moneda de una misma cara, las zonas oscuras

de ti mismo tan sólo son desconocimiento, y el gobierno de tu existencia tan sólo depende de tu voluntad.

No hay bien, no hay mal, sólo niveles de consciencia cuántica.

Libérate ya de esa carga moral creada por el hombre antiguo.

Cultiva el amor en ti mismo y vuela libre, sin demasiados apegos sobre el cosmos que has creado. Este universo singular y único que eres ha de ser leve y con poca carga para manifestarse libre y en armonía.

Ámate y amarás, renueva y crearás.

Vive, siente, descúbrete…

Juan Cambronero

Olvidé

*Olvidé vivir tratando de encontrar, cuando permanecer en la quietud
es lo único que necesitas.
Recordé que el corazón no necesita explicaciones porque sólo se le concedió
el deseo de sentir. Desde la mente sólo busqué y jamás encontré.
Desde el corazón encontré y jamás busqué.
Me di cuenta de que la vida son momentos llenos de detalles pequeños
y aprender a confiar. Olvidé ser instante eterno más allá de donde esté
y perdí de vista el enorme significado de lo sencillo y del poder absoluto
de lo eterno en cada cosa, en cada gesto, en cada palabra, en cada sonrisa…
No reparé en el placer de sentirte y no juzgarte, de tomar consciencia
de que el pasado ya es futuro, olvidando que ayer construí mi hoy
y que mi mañana lo diseño a cada instante.
Descuidé el placer de percibir que un segundo después del ahora ya formo
parte de mi pasado y me queda todo un futuro donde crearme,
que el futuro lo dirijo yo conectado al universo entero desde el nivel
de conciencia donde habito. Olvidé que desde el futuro ya me he creado
más allá de esta forma en alguna estrella del firmamento con mis deseos.
No me di cuenta de que cada uno de mis pensamientos genera
una vibración más allá de mí, que todo está conectado
y que soy parte de todo.
No percibí que soy el mundo y éste lo creo en cada instante.
No entendí que si yo cambio, mi mundo cambia, que si todos cambiamos,
el mundo cambiará. Descubrí de nuevo que la dimensión en la que vivo
ahora es tan sólo eso, una dimensión.
No recordé que ser instante es ser eterno y ser eterno es saber vivir en el
instante. Olvidé descifrar la sencillez de las cosas pequeñas como las estrellas,
perdiéndome entre enormes rascacielos de cristal.*

No recordé que al dar amor, al sentir desde el corazón, conectas con todo porque todo contiene algo de amor.

Ignoré que todo lo que vibra en el cosmos representa el corazón y que el corazón está lleno de amor que no cesa de latir.

No recordé que soy la luz de mi conciencia y que cuando conecto con la luz, la vibración de miles de fotones produce una energía que me conecta con todo. No caí en que mis miedos y mis triunfos, mi fortaleza y mi fragilidad, mis preguntas y respuestas son tan sólo mente.

No recordé que desde mis pensamientos nada es real, que mi mente genera juicios porque evita al corazón, mas no percibí que yo no soy mis juicios.

Olvidé que soy un Homo sapiens consciente, la nueva mutación, síntesis de corazón y mente, de puro equilibrio que no juzga, sólo siente.

Me olvidé de vivir entre tanto pensamiento y tuve que recordarlo todo desde el corazón, teniendo que conquistar mi propia oscuridad para recordar que soy luz.

Juan Cambronero

Introducción

HISTORIA, INTERPRETACIÓN
Y FUNCIONAMIENTO DE LAS RUNAS

Las claves del conocimiento inconsciente
a través de los símbolos rúnicos

Una runa es un símbolo de origen celta que nos pone en sintonía directa con nuestra energía mental más intuitiva y la transmuta en una poderosa guía para extraer información de nuestro subconsciente, donde se encuentra el 80 % de nuestra capacidad cerebral, una información valiosísima, que, por medio de estos veinticinco símbolos milenarios cargados de magia, hará que sea más fácil interpretar lo que está aconteciendo dentro y fuera de nosotros.

Breve historia de las runas

«Secreto» sería la traducción primera y original de tan antiguo lenguaje germánico, que apareció hace unos dos mil años en el norte de Europa.

En un primer momento, las runas se utilizaron como alfabeto, y más tarde adoptaron un aspecto talismánico y protector, para, así, poco a poco, ir tejiendo un oráculo de simbología mística y adivinatoria.

Con el transcurso de los siglos, este antiguo oráculo se fue extendiendo por el resto de Europa, con lo que adquirió mayor resonancia e interés esotérico y metafísico.

Actualmente reconocemos veinticinco símbolos rúnicos, aunque existen todavía muchos más, de los cuales no se tiene el suficiente conocimiento para hablar de ellos con autoridad, ya que el tiempo y las continuas guerras germánicas acabaron por borrar gran parte de esta lengua y oráculo tan enigmáticos.

Se reconocen diferentes alfabetos rúnicos, ya que cada pueblo tenía sus matices, y éstos se distinguen en la forma de sus runas, aunque tan sólo trabajaremos las veinticinco runas clásicas vikingas. Asimismo, éstas pueden diferir en algún trazo, como ocurre en las runas othalad o ingwaz, a pesar de que el significado es el mismo. Aunque también pueden variar algunos matices en sus nombres o el material con el cual están construidas, lo importante de las runas es lo que transmiten por sí mismas a través de su lenguaje inconsciente y mágico. Pueden aparecer variantes que no nos han de confundir al escoger o elaborar nuestras propias runas. Además, con nuestro método siempre utilizaremos veinticinco, ni una más, ni una menos. Veinticuatro de ellas tenían grabada la inscripción rúnica, y la restante, que aparece sin símbolo alguno, representa la runa blanca, o runa de Odín.

Mitología

La figura mitológica de Odín como principal deidad de los pueblos germánicos, como los vikingos, es descrita como el dios-hombre, héroe de batallas y rey de reyes que transmitió antaño gran sabiduría a los hombres dejando como legado las runas.

Cuenta la leyenda que el poderoso mago Odín fue atado al árbol sagrado y místico *yggdrasil*, un fresno. Durante nueve días y nueve noches, atado y colocado boca abajo, sin agua, sin comida ni vestidura alguna y herido voluntariamente antes con su propia lanza, se sacrificó para obtener la sabiduría y el conocimiento supremo. Al bajar del árbol, agotado y exhausto, grabó las runas transmitidas por los dioses con la punta de su lanza en la corteza del mismo árbol donde luchó entre la vida y la muerte (el consciente y el inconsciente).

Un método innovador y holístico para el siglo XXI

Con el método que se muestra en el libro, se reduce una parte de la mitología antigua y la tradición, en pos de adaptar su significado con las equivalencias en el mundo de la psique moderna y de las nuevas realidades contemporáneas que nos abordan en nuestro tiempo, donde todo forma parte del todo y su desarrollo depende del enfoque personal y la intención que se ponga en ello, generando un abanico de miles de posibilidades cuánticas, es decir todo se desarrollará dependiendo del nivel de consciencia que pongamos. Desde ese punto de consciencia, al elegir, creamos el mundo que nos rodea, para bien o para mal. Lo que para los antiguos hace dos mil años era un presagio o una señal, para nosotros es una conexión directa de información con nuestra mente inconsciente a través de la intuición, al extraer nuestro saber oculto inconsciente y dirigirlo hacia la luz de nuestra consciencia y comprensión de los hechos que nos rodean. La magia somos nosotros, y conectar con nosotros, de alguna forma, es hacerlo con Odín, con la magia de lo intemporal y el lenguaje de los sueños.

¿Qué es una runa?

Una runa es un símbolo arquetípico que hace que sintonicemos directamente con nuestra energía mental más intuitiva, transmutándola en una poderosa guía para extraer información del subconsciente. Más tarde se le da una aplicación positiva y consciente al significado de la runa en nuestros modos y costumbres cotidianos, tanto en lo mental como en lo espiritual, o incluso físico.

Cuando uno de nosotros decide introducirse en el estudio del complejo y sabio método de conocimiento de uno mismo, debe hacerlo desde un plano consciente, con paz interior y serenidad, para poder comunicarse con los planos energéticos superiores de estos símbolos arquetípicos, que están conectados con nuestras propias energías y sabiduría interior.

Hemos de tener en cuenta que la runa no nos proporcionará información de fuera, sino que todas las respuestas y conocimiento se hallan en el ser interior, esperando a que nos aliemos en un lenguaje de cordialidad evolutiva, es decir, que seamos capaces de reconocer que la sabiduría es aquello que nos permite comunicarnos con el todo como parte de nosotros.

- El término «runa» en alemán antiguo es *Run-wita* «iniciar en los secretos».
- De ahí que leer las runas tenga que ver con algo así como «aprender a desvelar los secretos», «desvelar los misterios del inconsciente».
- Desde una perspectiva psíquica, nos pone en contacto directo sobre todas aquellas capacidades que están ocultas y a las que podremos acceder mediante la meditación o el desarrollo del potencial mental. En este sentido, debemos tener en cuenta que somos lo que pensamos y nos acabamos convirtiendo en aquello que pensamos.
- Desde un punto de vista espiritual, la runa nos encamina hacia un sendero de la vida o de la evolución de nuestro ser interior dirigido a la conexión y comprensión de todo aquello que nos rodea y forma parte de nosotros. Nosotros, de alguna manera, con nuestra mente, creamos el mundo que nos rodea, con lo cual nos convertimos en aquello que pensamos; por tanto, si hemos creado el mundo que nos rodea con nuestra manera de pensar y,

por consiguiente, de sentir, no será difícil darse cuenta de que con un alto nivel de consciencia también podemos modificar nuestros hábitos de pensamiento y conductas de vida. Esto ya por sí solo estará generando un cambio en nosotros, y, por tanto, en nuestro destino.

- Para finalizar, en cuanto a su consejo material o físico, la runa nos manifiesta aquello que está aconteciendo o que acaecerá en nuestras vidas, ya que desde un punto de vista cuántico lo hemos creado con nuestra mente, y si hemos puesto la suficiente carga energética en ello tarde o temprano cristalizará en el plano físico. Por ello, hemos de tener cuidado con aquello que pedimos y alimentamos con nuestros pensamientos, ya que somos lo que pensamos y en esto muy probablemente acabamos convirtiéndonos.

- La runa escogida tiene que ver con las armas y el potencial con que podemos contar en un momento determinado.

Origen de las runas

En realidad, la aparición de los trazos Rúnicos se localiza en algunos abrigos rocosos al norte de Italia y en el litoral de la Iberia mediterránea como podemos observar en los museos, estos datados entre 3.000 y 5.000 años antes de Cristo, con lo cual, estos primeros trazos son muy anteriores a la aparición de las runas celtas datadas a comienzo de la era cristiana. Estas escrituras muy semejantes y probablemente con un significado muy similar. Este dato me hace pensar como investigador, que en las inclusiones de los viajeros pueblos Celtas, pudieron recoger estos símbolos e incorpóralos a su cultura difundiéndolas, ampliándolas y desarrollándolas mucho más con el transcurso de los años.

Las runas celtas

Las runas tal como hoy las conocemos se dieron en el norte de Europa hace aproximadamente 2.000 años donde se hicieron muy populares gracias a los pueblos vikingos, conocidos viajeros que las expandieron en sus continuos viajes por el mundo hasta las mismas puertas del imperio bizantino, pero también fueron desarrolladas por sajones, escandinavos, islandeses y todos los pueblos celtas en general.

- La práctica y utilización de las runas era sobre todo una tradición que se reservaba al mago, druida o chamán de las civilizaciones del norte de Europa. En su origen mágico, las runas eran a la vez oráculos de rituales y de meditación que los magos o druidas consideraban valiosos a la hora de ascender a los planos superiores de consciencia.
- Las runas son instrumentos mágicos, generadores de poder y portadores de secretos, en este sentido, runa y secreto eran la misma cosa.
- Como símbolo, la runa despierta los sentidos, crea emociones y emana una energía concreta al portador o invocador de esta.
- Cada runa tiene un significado y una función mágica para interpretar y vivir una energía rúnica concreta. Tiene varios niveles de lectura según la posición en la que caiga. En este sentido, si cae en posición recta, tiene un significado positivo. En cambio, si lo hace en posición invertida, hay que prestar especial atención. Si la posición es derecha, hay buena proyección de futuro; en posición izquierda, hay que revisar la situación, ya que algo no se terminó de cerrar en el pasado. Por último, si cae volcada hacia abajo, no hay que darle especial relevancia.

Cómo consultar las runas

- Las runas siempre se deben consultar desde un estado de paz y serenidad interna, ya que de esta forma conectamos y nos alineamos con los planos superiores de nuestra consciencia, donde todo lo que aparece está conectado con nuestras propias energías y sabiduría interior; así, el todo se funde como parte de uno y uno como parte del todo sincrónicamente.

- En el cerebro tenemos dos hemisferios: el derecho, que rige la parte izquierda de nuestro cuerpo que representa la parte intuitiva y creativa, y lado izquierdo, que alberga las cualidades de concreción y análisis de la persona.
- Las runas tras formular la consulta en su mente, ha de sacar estas sin pensar, de manera fluida e intuitiva con la mano izquierda, si se es zurdo lo hará con la mano derecha.

Cómo escoger las runas

Con la mano izquierda y la mente muy relajada movemos el montón de runas mientras pensamos en la pregunta a consultar (si se es zurdo se escogerá hará con la mano derecha).

Existen diversas maneras de preguntar a la sabiduría rúnica. En este sentido, antes de proceder a preguntar, es necesario pensar en la pregunta y repetirla de dos formas desde el mental y verbal, para que mente, cuerpo y espíritu estén alineados en una sola dirección. Para ello, por ejemplo si queremos consultar cuál es la runa consejera para el día, tenemos que cerrar los ojos durante un par de segundos, tomar aire y a continuación, verbalizar la pregunta antes de tomarla con la mano izquierda, no olvidemos que es esta la que conecta con nuestro cerebro intuitivo, que corresponde al lado derecho del cerebro donde se procesa la intuición. Más adelante en el libro pondré diversos ejemplos sobre cómo utilizar las runas tanto para predicciones como en sentido orientativo o de consejo.

- Manejaremos veinticinco runas con múltiples interpretaciones dependiendo de su lanzamiento. Tienen un enorme significado los materiales con que están construidas las runas, gemas, madera, cantos de la playa marcados con un rotulador permanente, o algo más elaboradas a nivel artesanal que fabrica el mismo autor de este

23

libro en su taller de runas en plata con esmalte a fuego, teniendo encuentra la fusión de los cuatro elementos y la aportación cromática del color y su significado en la inclusión de los esmaltes cristalizados.

- La interpretación de las runas depende de la manera en que aparezca el símbolo: si está al derecho que hace referencia a lo venidero, hacia el lado derecho que nos habla del pasado y presente cercano o al revés que nos advierte de ver otros puntos de vista sobre ese mismo consejo e incluso del aspecto contrario a su significado, e incluso podemos prestar vital atención junto a qué objeto cayó encima de la mesa o si cayó al suelo junto a que objeto fundiendo el significado de la runa con la del objeto en cuestión.
- La runa que aparece nos informará de qué tipo de energía o qué situación rige el instante de la consulta o ese día en el que hacemos la consulta.
- Al caer, o ser escogida, la runa marcará las tendencias y actitudes a seguir.
- Además, podremos hacer un presagio sobre asuntos que pueden acontecer en un futuro cercano o más a largo plazo, como se verá con más detalle en el libro.
- Si se escoge una sola runa (siempre con la mano izquierda), proporcionará información directa sobre la pregunta o consejo.
- También podemos seguir preguntando sobre el mismo tema y seguir sacando runas para que contesten a la runa anterior, y así complementar la interpretación hasta que se aclare la cuestión.
- Estudiaremos cómo predecir las características del año dependiendo del mes en el que se hayan escogido las runas.
- Si tres runas se extraen de izquierda a derecha, se mostrará el pasado, el presente y el futuro de la pregunta.
- A través de las doce casas astrológicas.
- En el caso de que se produzcan lanzamientos al azar, es importante conocer la posición de las runas al caer y junto a qué objetos se encuentran.

Qué runa ponerse

Portar temporalmente una determinada runa es un llamamiento consciente y mágico a cierta energía que ya poseemos a nivel inconsciente y queremos potenciar, desarrollar o integrar de forma consciente a nuestra vida. Portándola como un talismán, traerá consciencia y luz de los atributos que desde milenios se le han otorgado a su significado. Al tocarla y estar en contacto con su frecuencia energética, tomamos consciencia y atraemos a nuestra vida estas energías propias de la runa escogida e integramos su potencial al plano físico o psíquico personal en un acto psicomágico.

Elaboración, limpieza y ritualización de las runas

Como en el resto de las gemas, existe un ritual de limpieza antiguo y sencillo que debe llevarse a cabo con luna llena. Consiste en tomar un recipiente con agua y sal marina, introducir las runas en su interior y colocarlo en un lugar donde la luz de la luna incida directamente. En las fases de luna llena tendremos toda la energía de nuestro satélite y los cristales de la sal limpiarán cualquier energía negativa acumulada en las runas por su uso continuo. Las fases de luna creciente siempre son beneficiosas para cargar, amplificar y acelerar los procesos de recarga energética. Las fases menguantes, en cambio, se utilizan para menguar, descargar y desprenderse de energías que ya no nos resultan valiosas.

Si se desea elaborar o comprar runas,[1] hay que tener presente que es esencial que se produzca en las fases de luna creciente y cuando los planetas estén bien aspectados a nivel astrológico.

Aunque las runas pueden estar hechas de cualquier material, es recomendable que se trate de materiales no sintéticos, lo mejor y más recomendable es que estén elaboradas con piedras semipreciosas como el cuarzo, la amatista, la aguamarina, el jade, el lapislázuli, etc, o bien con madera.

---

1. Juan Cambronero, siguiendo la tradición alquímica de los Magos Druidas, elabora con las fases de la luna y dependiendo de las posiciones planetarias las runas y las joyas, otorgándoles protección al portador y limpiando los Karmas negativos del pasado. www.joyasmagicas.es

Las veinticinco Runas

WYRD- Runa de Odín
El destino. Vivir en el presente

- Runa blanca, la runa del destino.
- Todo está en nuestras manos.
- El presente es fruto de lo sembrado en el pasado, y el futuro depende de cómo vivimos el presente.
- Vivir el instante con total intensidad es lo que hace que vivamos momentos eternos.
- Desde el aquí y el ahora estamos proyectando y construyendo nuestro futuro.
- Soy lo que pienso, y en lo que pienso me convierto.
- Representa un conjunto de acontecimientos que, al aparecer en la vida de manera fortuita, natural y sin ningún tipo de búsqueda, aparece de un modo fluido en forma de poderosas señales que indican el camino a seguir.
- Es la runa de Odín.
- Elegir el destino es, sin duda alguna, elegir el camino del corazón, de sentirme bien y de estar en paz.
- Por el contrario, si se escoge el camino de las carencias del ego, nos conduce más a un destino lleno de errores, que han de repetirse una y otra vez hasta tomar consciencia de que todo lo que crea bloqueos y separaciones, dolor o dudas no es adecuado.
- Se reconoce el camino al darse cuenta de que uno se siente en paz desde el desapego.
- Al tomar decisiones que son producto de la necesidad y de los apegos, se toma el camino difícil de la vida, el del sufrimiento, que impide ser libre y crecer hacia la luz de lo que se es en realidad, un ser único con un destino brillante.

- Cuando las cosas se hacen desde el corazón, todo se multiplica, porque todo está hecho de la misma materia esencial que es el amor.
- Cuando Wyrd, o runa blanca, aparece en nuestros lanzamientos rúnicos, algo decisivo se está creando, pero que no se ha de modificar con los pensamientos, y permanece oculto; indica el presente, la necesidad de valorar más los momentos y estar atentos a lo que acontece a nuestro alrededor, a las señales que nos hablan sobre el camino correcto que debemos tomar en nuestra vida con pequeños y curiosos detalles que podemos traducir como señales que nuestro supraconsciente sabe reconocer; ésta es la mente más elevada que todos poseemos, es capaz de vislumbrar el camino correcto que hay que seguir a través de los acontecimientos inesperados de la vida.
- Esta runa aparece junto a la mágica sincronicidad que hace que todo encaje a la perfección, y nos orienta a estar alerta a las señales del destino, porque algo importante va a acontecer.
- El mantra que se puede asociar a esta runa, la runa blanca, como se llamaba en la antigüedad, es «Om», que ha de ser entonado desde la serenidad y el desapego, preparando lo más sublime de nuestro ser para la llegada de algo que ya estaba listo en nuestro camino evolutivo.
- Este acontecimiento que ha de marcar un nuevo destino se reconoce de inmediato porque jamás se tuvo que buscar lo que realmente ya nos pertenecía.
- Todo lo que es para nosotros llega en su momento, cuando todo está preparado, alineado y perfecto para que acontezca.

Correspondencias

- Su árbol es el fresno milenario.
- La piedra que se asocia a esta runa es el cuarzo.
- En astrología se asocia al Nodo Norte o Cabeza de Dragón, una energía que nos conduce por el camino de nuestro propio destino.

- Su elemento, el éter, se asocia con el planeta Urano, la energía que nos prepara para lo inesperado que ya se está gestando en alguna parte de nuestro universo.
- Los arcanos del tarot que se corresponden a esta runa son La Rueda de la Fortuna y La Torre.
- En numerología tiene correspondencia con el 0, donde todo puede acontecer.
- Asana Padmasana: postura del loto o Garba o embrión.

FEHU
Trabajo y logros

- Podemos conseguir cualquier cosa.
- El éxito consiste en tener claro lo que se quiere y focalizarlo correctamente.
- El resultado depende de la fe y la confianza que pongamos en ello.
- Es la runa de posesiones y riquezas, trabajos, inicios y diálogos.
- Consejo: cuando aparezca esta runa en los lanzamientos y en la mente inconsciente, alerta sobre la aparición de oportunidades que se están abriendo camino en la vida.
- Estas oportunidades con toda probabilidad ya habrán aparecido y las habremos captado a nivel supraconsciente, pero una vez que seamos conscientes de ello, tendremos que estar alerta a las oportunidades de realización personal a través del trabajo y las nuevas oportunidades.
- Ya hay algo en mi universo que me está preparando para un nuevo reto, que bien puede ser laboral, social, educativo o emocional.
- Escoger esta runa puede advertirnos sobre la puesta en marcha de esa oportunidad que nos espera.
- Ésta es una runa masculina que concreta y da forma a la energía del trabajo y a las oportunidades en general.
- Cuando está invertida, pone en tela de juicio algo que se nos ofrece: prestar atención a las ofertas de trabajo y si éstas son interesantes. Se puede ver como falta de preparación profesional, o sencillamente como que no nos interesa algo que nos están ofreciendo.

Correspondencias

- La runa Fehu está asociada al saúco.
- Su gema es el ágata musgosa.
- En astrología, el planeta que gobierna esta runa es Júpiter, una energía que brinda oportunidades y expande todo aquello con lo que se relaciona, otorgando suerte y fortuna a los valientes que se aventuran a todo lo que implica novedad, cambio y desafío.
- Sus arcanos mayores corresponden a La Rueda de la Fortuna y al Carro.
- Su número es el 6.
- Asana: el movimiento se asocia con la postura devikrama o gran zancada.

URUZ
Nuevos retos y conocimientos

- Simbólicamente representa una puerta abierta.
- Esta runa proporciona la fuerza y seguridad que se necesita para comenzar un nuevo reto.
- Cuando uno está preparado, aparece un buen comienzo. A partir de ese momento, todo será fruto de la dirección que se tome.
- Representa la decisión y el aplomo a la hora de lanzarse a nuevas metas.
- Nos brinda una oportunidad única de realización con bases sólidas y estables.
- Uruz representa la energía del triunfo.
- Cuando en nuestro lanzamiento sale Uruz, el Toro Salvaje o la Puerta Masculina, es porque ya estamos listos para comenzar una nueva empresa desde la seguridad y la preparación.
- Uruz es un gran potencial masculino, puesto que representa la libertad, la energía, la acción, el coraje, la virilidad y la fortaleza, pero también la lujuria, la brutalidad, la rudeza, la crueldad, la violencia y un muy fuerte deseo sexual.
- Da valor en la adversidad y simboliza el coraje que se necesita para devolver la esperanza.
- El uro es una especie extinta. Es un gran buey salvaje que nunca pudo ser domesticado o esclavizado; por tanto, en él vive el alma triunfante de la naturaleza.
- Cuando esta runa aparece invertida, resta potencial y genera dudas a la hora de comenzar un proyecto, con lo que es preferible esperar a que las energías y la seguridad resurjan en nosotros.
- Puede significar el final de algo, ya sea un trabajo, un ciclo, una relación, etc.

- Puede indicar que estamos mostrando demasiada superioridad hacia los demás, lo que genera malas vibraciones en las personas, y a la larga también en nosotros mismos.
- Es esencial desarrollar modestia y sencillez en este período de la vida.
- Esta runa invita a reflexionar y madurar. Cuando uno está en lo más alto se debe recordar que nada permanece siempre en el mismo lugar, que todo cambia y que junto con momentos de éxito también se va a tener dificultades.

Correspondencias

- Su árbol es el abedul y su gema es el carbúnculo.
- Su planeta es Júpiter con la ayuda de Marte.
- Su número es el 1.
- Los arcanos mayores son El Loco y El Mago.
- Asana Natarajasana: desarrolla la confianza.

THURISAZ
Reflexión y justicia

- Esta runa se asocia con la justicia, con lo que hace referencia a temas legales, cuestiones burocráticas, multas, documentos o herencias.
- Con esta runa se han de revisar aspectos internos y ponerlos en orden para obtener equilibrio y armonía. Todo llega a nuestras vidas porque por algún motivo necesitamos vivirlo, compensarlo e integrarlo.
- Lo que desaparece se debe a que no es para nosotros o no lo necesitamos.
- Hay que reflexionar interna y externamente y hay que estar atentos.
- Meditar todo, prepararse bien y valorar los riesgos.
- Esta runa nos protege, pero, sin embargo, nosotros somos los dueños de nuestros actos y decisiones.
- Su árbol es el espino y su gema el zafiro azul.
- Con esta runa se han de revisar aspectos internos y ponerlos en orden para obtener equilibrio y armonía.
- Consejo: cuando aparece esta runa, hemos de centrarnos en los temas legales, como documentos, firmas de contratos, sanciones, firmas de acuerdos o chequeos médicos.
- A nivel interno, es un momento de análisis y valoraciones meditadas.

Correspondencias

- Su árbol es el espino.
- Su gema el zafiro azul.
- Su planeta es Júpiter, siempre en defensa de lo que es justo.
- El arcano asociado es La Justicia.
- Su número el 9.
- Asana: postura de la grulla. Proporciona equilibrio y estabilidad.

ANSUD-ANSUS
Estudios y conocimientos

- Esta runa es buena para la concentración y la lectura, y evita que los comentarios ajenos nos afecten.
- Documentarse es conectar con la sabiduría del mundo en un proceso selectivo.
- Nos sintoniza con el conocimiento interno y externo, con la capacidad de expresarnos y aprender de todo, de lo positivo y lo negativo, y de lo sencillo y lo complejo.
- Representa los estudios, la elocuencia y la expresión artística.
- El verdadero conocimiento reside en conocerse uno mismo a través de las experiencias personales y las señales que van apareciendo en el camino.
- Se calcula que 25.000 pensamientos al día impactan contra nosotros, lo que crea cierta tensión nerviosa. Las emociones son las encargadas de seleccionar estos pensamientos; de hecho, sólo procesamos lo que hace activar el mundo sensitivo en la persona; de lo contrario, nos desbordaríamos de información y enloqueceríamos.
- Esta runa se encuentra en la fachada del sexto chakra, en del tercer ojo, y su energía ha de ser transmutada por la sublimación de los pensamientos a un plano espiritual, que implica tomar consciencia de aquello que decimos y cómo lo decimos.
- Por esta razón, la comunicación, el aprendizaje y, en general, cómo digerimos y captamos la información del mundo es esencial para nuestra evolución.
- En muchísimas ocasiones, una vez se dicen las cosas, ya no hay marcha atrás; por ello es muy importante que cuando esta runa aparezca en nuestras consultas, prestemos mucha atención a las palabras, tan-

to a lo que decimos como a la forma en que nos es proporcionada la información.

- La comunicación siempre depende de dos factores: cómo se dicen las cosas y cómo se las toma quien las escucha; por ello, es aconsejable medir y ser conscientes de lo que vamos a decir, cuándo y qué repercusiones tendrán nuestras palabras.

- La capacidad de comunicación del individuo reside en tomar consciencia de lo que se dice. En este sentido, algo maravilloso e importante que se dice en el momento inadecuado puede no ser tenido en cuenta, del mismo modo que algo que se dice desde el enfado, la desesperación o la irracionalidad se suele convertir en una mancha que no dejará pasar la luz de lo que soy durante mucho tiempo, al haber teñido mis palabras de algo tremendamente inapropiado fruto de mi inconsciencia.

- Hemos de recordar que en buena parte somos lo que expresamos y cómo lo hacemos llegar a los demás. Está la capacidad de potenciar lo mejor en el otro; sin duda alguna, la mejor manera de crear afectos y una buena relación entre mi mundo interno y el externo.

- Mis palabras son la llave que me abre las puertas al resto de los seres con quien comparto día a día mi vida y, de alguna manera, con una consciencia elevada de mi expresión; gracias a ellas, puedo comunicarme con todo lo que me rodea en perfecta armonía y sin rivalidades ni competencia.

- Cuando trato a otro ser con indiferencia, con superioridad o inferioridad, con frialdad o distancia, en el fondo me estoy tratando a mí de la misma manera, y la vida no tardará en expresarse en mí de ese modo.

- Consejo: cuando aparece esta runa, se me comunica algo muy sencillo; debo estar alerta con lo que digo, tener cuidado con mis palabras y con cómo las expreso. He de ser cuidadoso con lo que firmo. He de revisar, he de prestar atención a cómo me muestro ante los otros y qué actitudes utilizo al interrelacionarme, qué valores confiero a mis palabras, cómo me siento y cómo hago sentirse al otro cuando digo las cosas.

- Cuando aparece Ansud en una consulta, he de estar atento a la oportunidad de realizar un curso de especialización o presentarme a unas oposiciones, a un examen importante, o sencillamente de repasar documentos.
- También es un buen momento para escribir algún artículo o comenzar a leer aquel libro que tanto nos apetecía.
- Es un período de aprendizaje, de documentación, de expresión y comunicación en general.
- Invertida, esta runa representa la falta de atención, mala comunicación y, en general, mal entendimiento. No es momento para hacer cursos, y hay que tener cuidado con lo que decimos o nuestras palabras se interpretarán mal.

Correspondencias

- Su árbol es el fresno.
- Su gema es la esmeralda.
- El planeta que astrológicamente rige esta runa es Mercurio, el planeta de la comunicación, que gobierna el sistema nervioso del individuo y la capacidad para elaborar la información acerca de lo que somos.
- La runa Ansud se asocia a los arcanos de la Papisa y Emperatriz, que nos ayudan a comunicar mejor lo que necesitamos.
- Esta runa se correspondería con el quinto chakra, o Vishuddha, desde donde hacemos llegar al mundo buena parte de lo que somos.
- Su número es el 3.
- Asana Balasana: esta postura de yoga calma la mente y alivia el estrés y la fatiga.

RAIDO
Viajes, conocimiento y aventuras

- Puede aparecer una persona que vive lejos o que procede de otro país.
- Se asocia con la rueda y en general con aquello que aporta movimiento y se desplaza.
- Descubrir otros mundos es ampliar la visión de uno mismo, y con ello acercarnos más a otros, de manera que somos más abiertos, sabios y respetuosos.
- Viajes, búsquedas, peregrinaje y descubrimientos son las claves de esta runa, así como el conocimiento y la experiencia, tanto internos como externos.
- Transformación personal y evolución.
- Previene accidentes en viajes.
- La vida es un viaje siempre enigmático.
- Significa viajes, vacaciones, traslado, evolución y cambio de lugar o asentamiento.
- Se refiere a transporte en vehículo, tren, avión o barco.
- Supone evolución, búsqueda interna, acción correcta, actividad dirigida y esfuerzo consciente material o espiritual.
- Es el período para desarrollar estrategias y conciliaciones.
- Cuando aparece invertida, significa demoras y contratiempos en viajes. Además, hay que estar atento con las relaciones personales, ya que implica desilusiones, engaños y rupturas.
- Supone rupturas, dislocación, demolición y desilusión.
- Hay que tener cuidado con los viajes que hay que realizar y en los desplazamientos. Podría indicar un cambio de fechas o sencillamente su suspensión, que puede producirse un poco más adelante, pero no en estos momentos.

- Hay que prestar más atención a la hora de conducir o desplazarse en general.
- Posiblemente se produzca una muerte o se acompañe a otros a morir.
- Existe un cambio de domicilio y/o mudanzas forzadas.

Correspondencias

- Su árbol es el roble.
- Su gema sintoniza a través de la runa con la crisoprasa de color verdoso.
- El planeta asociado a Raido, o runa de los viajes, es Júpiter, el eterno viajero, y a nivel energético está asociado al signo de Sagitario.
- El arcano de esta runa es El Carro.
- En numerología, lo asociaremos con el número 5, con el 9 si se trata de viajes al extranjero y el 8 si son viajes al interior de uno mismo.
- Asana Halasana: el arado. Otorga movilidad a la columna vertebral inclinándola hacia adelante con la frente.

KENAZ-KANO
Apertura, creatividad y libertad

- Es una runa femenina que habla de apertura y creatividad a raudales, de lo sexual y lo evolutivo, de todo lo que nos permite crecer y expandirnos.
- Apertura y comunicación.
- Se debe vivir plenamente y de forma creativa.
- La sexualidad está muy vinculada a esta runa y nos habla de una apertura mental en este aspecto tan íntimo del ser, introduciendo más creatividad y una expresión más libre y renovada. Nos sugiere hacer nuestro todo lo que gobiernen nuestros sus sentidos, integrándose a todo y jamás separando nada.
- Consejo: cuando esta runa sale en nuestros lanzamientos o consulta, nos indica que hemos de abrirnos a lo nuevo, que hemos de aprovechar a expandirnos y ser creativos, disfrutar de los momentos con libertad, acoger todo aquello que llene nuestro ser, abrazar el mundo.
- Implica unión, revelación, sabiduría, luz, guía y claridad, pero también desnudez, desenmascaramiento, pérdida de ilusión y falsa esperanza.

Correspondencias

- El pino es su árbol.
- Su gema es el heliotropo.
- Sus planetas son Urano y Júpiter.
- Sus arcanos son El Mago y La Emperatriz.
- Su número es el 3, el número de la creatividad.
- Asana Chandrasana y Pavanamuktasan: estas dos posturas de yoga hacen más flexible, abren y liberan la mente.

GIFU-GEBO
Contacto con los demás y afectos

- Cuando dos personas conectan, lo natural es la armonía.
- Si no se vibra con una frecuencia similar, inevitablemente se crea tensión y se sufre.
- Sólo se puede estar bien desde la fluidez en las relaciones.
- Habla de amistad, socios y colaboraciones. Se podría asociar con la pareja y el amor según el contexto de la pregunta.
- Dar y recibir son las pautas de esta runa: lo que das recibes.
- Esta runa se relaciona con la persona o personas con las que mantenemos un vínculo de cualquier tipo, desde socios a parejas, colaboradores o asociaciones.
- No es la runa del amor, sino la de las relaciones.
- Se trata de la representación de nuestra energía en correlación con otras formas de energías externas con las que solemos tener objetivos comunes.
- Gifu nos advierte de que nuestras acciones siempre han de estar supeditadas por el otro o los otros.
- Con esta runa no puedo, ni debo, ir a mi aire, sino compartir y hablar de cualquier desavenencia o incidencia.
- La aparición de esta runa es la toma de contacto con la imagen que proyecto en el otro de mí mismo y viceversa.
- Las cosas que más nos suelen irritar de los demás generalmente son las que me indican los lugares donde más he de trabajar.
- El éxito en las relaciones reside en ver al otro como parte de mí mismo.
- Consejo: cuando aparece esta runa, se debe tener en consideración al otro y la relación de éste en la vida.

- Con esta runa hemos de aprender a empatizar con el otro, poniéndonos en su lugar y obrando de la manera en que nos gustaría que éste obrara con nosotros.
- Si aparece esta runa en la casa de las relaciones indica complicidad mutua; en la casa del dinero, o casa octava, habla de la necesidad de sociedades para obtener más beneficios. En la casa once, en cambio, de formar parte de un gran grupo; en la quinta, de un amigo divertido y creativo; en la sexta, de un compañero de trabajo, etc.

Correspondencias

- Su árbol es el fresno.
- Su energía está asociada con el ópalo.
- Sus arcanos son El Carro, que implica la amistad y sinceridad, así como la templanza, que valora nuestra manera de interrelacionarnos.
- Su planeta regente es Mercurio, que representa la capacidad de establecer un diálogo y una equidad entre dos o más partes.
- Su número es el 2.
- Asana: posición de la mariposa.

WUNJO
Alegría y felicidad

- Nos otorga alegría y cura las heridas del desánimo. Es una runa optimista y llena de ganas de vivir.
- Representa los placeres de la vida y el optimismo.
- El combustible con el que se alimenta el alma es la alegría y el entusiasmo. Con estos dones, se fluye en el amor y se acaba conquistando el mundo.
- Implica alegría, éxtasis, placer, gloria y recompensa espiritual, pero también delirio, intoxicación, posesión por grandes fuerzas o entusiasmo poco práctico.
- Supone la felicidad, la gloria y la luz divina.
- Es la recompensa por el sacrificio.
- Es un cúmulo de energía.
- Su árbol es el fresno y el diamante es su maestro energético.
- Wunjo nos otorga alegría y cura las heridas del desánimo; es una runa que implica optimismo y ganas de vivir.
- Esta runa siempre aparece cuando estamos ante una situación o un momento de esplendor y plenitud.
- Cuando aparece Wunjo, dentro de nosotros florece la satisfacción y la recompensa en lo que se ha emprendido.
- Con esta runa nos sentimos bien porque hemos alcanzado los resultados satisfactorios en aquello por lo que hemos luchado durante mucho tiempo.
- Cuando aparece invertida, indica un momento difícil, en el que no es nada fácil ser feliz. Puede ser un momento de tristeza y cierta depresión.
- En este lanzamiento hemos de ver si estamos viviendo la vida desde la fluidez o estamos atrapados en apegos y carencias, en absur-

didades y empresas que tan sólo nos generan problemas, disgustos y ansiedad. Esta runa nos advierte de que es necesario recuperar la alegría y el entusiasmo.

- Si no soy feliz es porque estoy desorientado acerca de lo que soy y quiero, porque mi destino siempre está muy cerca de mi felicidad, de hacer aquello con lo que soy realmente feliz.
- Consejo: cuando aparece Wunjo en mis lanzamientos, es para advertirme de que estoy en un momento de esplendor, entusiasmo y felicidad. Este momento puede estar relacionado con el resultado de haber trabajado mucho para conseguir determinadas metas de las que ahora estoy disfrutando.

Correspondencias

- Su árbol es el fresno.
- El diamante es su maestro energético.
- Esta runa no puede más que representar astrológicamente el entusiasmo y la felicidad característica de Júpiter que sabe sacarle el jugo a los momentos como ninguna otra energía planetaria.
- Los arcanos asociados son El Sol, La Estrella y El Mundo.
- Su número es el 5, que supone creatividad en estado puro.
- Asana: postura del camello o Ustrasana.

HAGALL-HAGALAZ
Rupturas y apoyo en momentos de cambio

- Cuando hay rigidez y tensión en nuestras vidas, algo en nosotros puede quebrarse.
- Es un momento de revisión y cambios dolorosos, pero necesarios.
- Está en todo aquello que, con el dolor, nos hace fuertes, nos confiere fortaleza interior, pero debemos pagar un precio con esfuerzo.
- Nos otorga valor para aceptar los cambios necesarios si no queremos seguir estancados donde siempre.
- Perderemos algo para encontrar lo que andamos buscando.
- Representa la copa que hemos de vaciar para seguir llenando de nuevo el cáliz de la vida y el fluir cotidiano.
- Esta runa nos habla de rupturas y de que algunas cosas, situaciones o personas han dejado de aportarnos algo y deben dejar espacio en nuestras vidas.
- Lo mejor es rechazar el enfrentamiento y recurrir al alejamiento, dejar de alimentar aquello que ya no es compartido con sinceridad.
- Cuando hay rigidez y tensión se producen rupturas. Algo en nosotros puede quebrarse al no aparecer la flexibilidad.
- Consejo: es momento de revisión y cambios dolorosos pero necesarios.
- Muchas veces lo que hemos de trabajar con esta runa es el verdadero significado de la aceptación, de aprender que las cosas, cuando ya han aportado su cometido, indudablemente desaparecen y se transforman.
- Cuando aparece invertida, nos advierte de la necesidad de revisar las rupturas y los acontecimientos que aparentemente provocaron la pérdida de algo. Tal vez no hayamos actuado de la manera ade-

cuada y tengamos que pedir disculpas o reconciliarnos con la situación que provocó la ruptura.

- Con la runa invertida, es posible que aquello que parecía tan negativo, al transcurrir cierto tiempo, lo veamos como algo que fue bastante positivo que aconteciera.

Correspondencias

- La energía planetaria que gobierna esta runa es la del planeta Urano, que confiere novedad, originalidad y cambios. También se puede asociar a la energía del tenebroso Plutón, una fuerza muy transformadora que se asocia con los cambios importantes y rupturas que hacen que nuestra vida cambie y se renueve.
- El árbol que la rige Hagall es el serbal.
- Su gema es el ónice.
- Su arcano mayor corresponde a La Torre.
- Su número es el 9, que representa el fin de un ciclo, de un acontecimiento, de una relación, de una carrera, etc.
- Asana Surya Namaskara: proporciona al organismo un excelente tono vital.

NIEZ-NAUTHIS
Superación de obstáculos

- Cuando surge un problema o un obstáculo, se nos confiere la gracia de superarlo; representa la necesidad de resistir.
- A este proceso lo llamamos evolución y se aparece en cada instante de la vida, obligándonos a ser más completos.
- Representa todas las fronteras, los obstáculos y las limitaciones que surgen en los caminos de la vida.
- Reconocer nuestros límites es realmente importante para aprender a no excedernos con utopías que no nos conducirán a nada.
- Aceptar y comprometerse son dos principios que la vida nos exigirá en determinados momentos, otorgándonos sobre todo madurez.
- Es una runa que puede mostrarnos algunos aspectos negativos como la aparición de necesidades básicas o algún tipo de carencia, deseo, depravación, hambre y pobreza o hambre emocional, carencia emocional, pero por otro lado nos anima al desarrollo de una mayor resistencia, aprender a sobrevivir con menos y ser inteligentes y meditativos a la hora de tomar decisiones importantes cuando surge un problema.
- Cuando toda la esperanza está perdida, esta runa nos da fortaleza y desafío.
- Desafía a las circunstancias. Nos recuerda que muchas veces los obstáculos son lo que dan sentido al resultado de nuestras acciones, ya que sin lucha no hay superación, y en la superación está la clave del éxito.
- Niez hace referencia a la necesidad de esforzarse un poco más y no perder la ilusión porque algunas cosas nos cierren el paso, ya que estos obstáculos son temporales y lo único que consiguen es

que aquello que nos hemos propuesto se demore un poco más. El camino sigue con éxito a pesar de las dificultades.

- Cuando aparece invertida, es señal de que los problemas comienzan a desaparecer y aquellos obstáculos que nos impedían avanzar se empiezan a disipar.
- Lo prudente es seguir prestando mucha atención y no bajar la guardia, aunque las cosas parezcan resueltas.

Correspondencias

- Niez astrológicamente se asocia a los planetas Marte y Saturno, ya que representa los obstáculos que la vida pone. De una manera casi necesaria, nos muestra el sentido de la lucha y el esfuerzo.
- Su árbol es el centenario tejo.
- Su gema es el ónice.
- En el tarot se asocia con las enseñanzas de la fuerza, El Colgado y El Diablo.
- Su número es el 6, un número asociado a cierto sacrificio, responsabilidad y necesidad de control.
- Asana Surya Namaskara: proporciona al organismo un excelente tono vital.

ISA
Paciencia. Hielo

- Supone una congelación, un cese de actividades. Todo tiene su tiempo, y adelantarse es un error.
- Llegar tarde o adelantarse, significa perder el tren de los momentos sincronizados con la existencia.
- Con esta runa hay que permanecer fríos, pacientes y en calma, tenemos que aprender a relajarnos.
- La paciencia es una ciencia divina, una de las más sabias cualidades de los sabios, todo tiene su tiempo.
- Esta runa nos advierte de que no hay que tomar decisiones por el momento y que hay que permanecer en calma.
- En su aspecto negativo puede suponer pérdida de ilusión, fraude, traición, astucia, sigilo, emboscada y conspiración, así como ser deslumbrados por el brillo, atracción, seducción, invitaciones o trampas producto de no reflexionar las cosas.
- Su principal cualidad es impedir acontecimientos precipitados.
- Se trata de una runa femenina.

CORRESPONDENCIAS

- Su árbol es el aliso americano, y su gema, el ojo de gato.
- La energía planetaria que alberga esta runa es la de Saturno o Señor del tiempo, que es pesado y lento.
- Su gema, el ojo de gato.
- Representado por los arcanos: El Ermitaño, La Templanza y El Papa.
- Su número es el 9, que implica la paciencia y la valoración, la cautela y la prudencia.
- Asana Kurmasana: postura de la tortuga, que calma los nervios.

JERA
Obtención de resultados. La cosecha

- Significa que va a producirse un cambio significativo. Se trata de un período fructífero de cosecha.
- Se desarrolla la conciencia cíclica respecto a todos los ciclos naturales, como las fases lunares y los cambios de estaciones.
- Como demuestra su símbolo, es una energía que regresa: en este sentido, la rueda de la fortuna gira: lo que estaba abajo está ahora arriba, y lo que está arriba va hacia abajo.
- En la vida es importante saber sembrar, pero más aún, si cabe, es saber cuándo te toca cosechar.
- Es importante que, antes de valorar los resultados, estimemos lo invertido en el proceso.
- Con esta runa recogemos el fruto de lo sembrado, nos habla de resultados, es el fruto de los esfuerzos realizados y de un presente que tiene que ver con cómo hemos vivido en el pasado.
- Es la recompensa de todo aquello que nos merecemos en la vida; en una palabra, es el karma.
- Cuando aparece esta runa, es aconsejable repasar y mirar con detalle aquello que hemos hecho o dicho. Puede que cosas que dábamos por cerradas vuelvan a aparecer de nuevo, a veces en forma distinta, pero con el mismo problema sin resolver.
- Implica alteración, transformación, cambio en distintas circunstancias y cumplimiento de los planes, pero también revisión, contratiempo inesperado y revocación.
- Su energía planetaria corresponde a los movimientos retrógrados de los planetas, aquello que, si no se hace bien, debe volverse a repetir la experiencia hasta conseguir el objetivo deseado. Se asocia a la energía del nodo sur o *cola de dragón*, a nuestro propio karma.

- Su árbol es el roble.
- Su carta o arcano mayor es El Juicio, y nos hace tomar conciencia y valorar los resultados obtenidos teniendo en cuenta lo que hemos invertido en ellos y si somos realmente merecedores de lo que nos llega.
- Su gema la turmalina.
- Su número es el 8, que se asocia al origen de las cosas a un nivel muy inconsciente.
- Asana Trikonasana: significa triángulo, ángulo. Nos ayuda a visualizar las cosas desde diferentes perspectivas.

EIHWAZ
Vitalidad, salud y fortaleza

- Supone fuerza interior, vigor y protección.
- Implica vitalidad y resistencia, que hacen de esta runa uno de los símbolos de protección más eficaces contra enfermedades y defensa física y psíquica que operan sobre el inconsciente de las personas.
- Aporta salud y la renovación energética necesaria en procesos de apatías y dolencias.
- Representa la seriedad y la solvencia, alguien en quien se puede confiar y de quien se puede depender; un hombre honesto.
- Es un renacimiento; las cosas cambian para mejor.
- Hay que ser paciente, pues los obstáculos iniciales son beneficiosos.
- Implica poder y fuerza elemental.
- Supone retribución, justicia y destitución de la vanidad.
- Somos canales por donde circula la energía. Si éstos se obstruyen, aparecen bloqueos y tensiones que se reflejan tanto en el cuerpo como en la mente. Alcanzamos de nuevo el equilibrio perdido.
- Es la espada de la llama purificadora, de fuego purificador, pero también destructor.
- Puede proteger a una persona de ella misma, haciendo que sea inteligente y pensadora.
- Evita la conducta autodestructiva.
- Supone un alivio para la oscuridad del alma.
- La asociamos al poderoso tejo y el topacio es la gema que la rige.
- Ésta es la runa de la fortaleza y la resistencia. Al conectar con la salud, conecta con la parte de nosotros que se siente en armonía y con una energía equilibrada.

- La salud no es otra cosa que conectar completamente con mi ser en plenitud, que es aquello que se produce al establecerse una complicidad directa entre lo que se es y lo que se piensa, entre lo que se piensa y como uno se siente.
- Se recomienda dejar que se alejen de nosotros las energías que nos estén desequilibrando y nos aconseja no retener aquello que está impidiendo evolución y transformación.
- Con esta runa podemos tomar consciencia de que nuestro equilibrio físico y psicológico depende de nuestra capacidad de transformar nuestras actitudes y nuestros pensamientos.
- Si alimentamos y retenemos las sensaciones de inseguridad, de apego, de temores hacia la vida, es bastante normal que aparezca la enfermedad.
- Somos canales por donde circula la energía. Si éstos se obstruyen, aparecen bloqueos y tensiones. Aprender a relajar tanto el cuerpo como la mente son mecanismos de equilibrio necesarios para tener salud.
- Consejo: cuando aparece esta runa en una consulta, se debe tomar conciencia de que la salud representa el equilibrio y la fluidez en la vida.
- Si por alguna razón algo en mí no fluye, esta tensión ocasiona una enfermedad que es la falta de salud.
- La enfermedad es algo sin resolver en mi vida mental o emocional, ya que esto impide el perfecto bienestar, el estado natural de salud. Si se estudia las runas junto a las que aparece Eihwaz, muestra cómo hemos de abordar determinada dolencia o enfermedad.
- También ésta es una runa que nos invita a trazar alguna estrategia para conseguir nuestro propósito.
- Esta runa hace que se sea consciente de cómo restaurar y revitalizar la energía con el fin de sanar.
- También puede informar de la necesidad de dejar ciertos hábitos que no resultan beneficiosos.

Correspondencias

- Asociamos esta runa al poderoso árbol del tejo.
- Su gema es el Topacio.
- Sus arcanos son El Sol y El Mago.
- Su planeta, astrológicamente hablando, es el Sol.
- Su numero es el 1.
- Asana Savana: la postura del perro, que resulta muy revitalizante.

PERDHRO- PERTH
Sabiduría interior y meditación

- En el interior de cada individuo existe un lugar donde cada uno guarda su verdad, su propio conocimiento y el exclusivo mundo interno que nos conecta con el todo, desde la paz y el sosiego.
- Es una runa de misterios y mundos internos que nos desvela lo oculto.
- Puede indicar engaños o falsas apariencias.
- Habla de sorpresas y secretos.
- Es una runa femenina: muy intuitiva.
- Cuando en una meditación o consulta aparece la runa Perdhro, puede indicar engaños o falsas apariencias, al mismo tiempo que habla de sorpresas y secretos.
- Hay que estar atentos al interior, a la voz interna de cada uno de nosotros, que requiere en una actitud silenciosa y de aislamiento.

Correspondencias

- Su gema, el aguamarina, esclarece ese misterioso mundo interior que todos conservamos dentro.
- Su planeta gobernante es Neptuno, que nos ofrece las respuestas en el interior.
- Sus arcanos son El Ermitaño, La Luna y La Templanza.
- Su número es el 9, donde se alberga la sabiduría que otorga la reflexión.
- Su árbol es el álamo.
- Asana Vajrasana: postura del rayo o diamante. Otorga relax, paz y serenidad.

EOLH-ALGUIZ
Protección en todos los niveles

- Nuestra mente se compone de tres partes: inconsciente (nuestro pasado), consciente (nuestro presente) y supraconsciente (el resultado de nuestras acciones).
- Se trata de una runa espiritual y de control emocional.
- Esta runa nos otorga protección a todos los niveles.
- Implica en lo que he de convertirme, es mi plano espiritual más elevado en la Tierra.
- La runa Eolh nos otorga la sabiduría de estar en paz y protegido, ya que conecta con mi yo superior, con lo mejor de mí.
- Consejo: cuando aparece esta runa en nuestras preguntas o lanzamientos, la persona debe reconocer que se encuentra en un período o ante una situación de equilibrio entre lo interno y lo que habita fuera.
- Es la runa de suerte y protección a todos los niveles.
- Cuando aparece invertida, representa la falta de conexión con uno mismo, así como descentramiento y poco control de la situación.

Correspondencias

- Su árbol es el tejo.
- Su energía vibra con el cuarzo amatista.
- Júpiter es su planeta, el antiguo Dios de los romanos que otorga suerte y grandeza.
- Su arcano mayor es La Estrella, que protege de la oscuridad en momentos difíciles, así como el Mundo, que nos aguarda para disfrutar de lo que nos merecemos.
- Su número es el 7.

- Asana Ashtanga Namaskara: crea movimiento y fluidez entre el cuerpo y la mente. También aumenta la circulación sanguínea en toda la columna.

SIGEL
Energía y fortaleza

- Implica éxito, logros y evoluciones de todo tipo.
- Sigel es sinónimo de victoria. En germánico se asocia a un significado vinculado a algún tipo de «ganancia».
- Es la energía cósmica que se canaliza tan sólo con dejarnos fluir.
- Cuando aparece el agotamiento se debe a una pérdida energética, pero si actuamos desde la fluidez jamás sentiremos esa pérdida.
- Sigel se ha descrito desde la antigüedad como la runa solar por excelencia.
- Representa logro y evolución.
- Es la runa de la energía a raudales y del potencial que poseemos en estado puro.
- Estamos ante un momento de éxito y de un gran potencial vital.
- Es el poder y la fuerza elemental. Sigel es la espada de la llama purificadora.
- Cualquier empresa que comencemos con esta runa, augura que tendrá éxito y no nos faltará energía para llevarla a cabo, Sigel representa la fuerza que necesitamos en nuestras empresas con éxito.
- Cuando aparece invertida, nos advierte de que nuestras fuerzas están menguadas y que existe una pérdida energética.
- Nos hace reevaluar si realmente vale la pena seguir con la idea que nos hemos propuesto para conseguir una meta. Si nos agota y no vemos resultados, lo mejor es dejar de lado el proyecto y retomarlo más adelante.
- Esta runa puede aparecer en momentos de debilidad en la salud.

Características

- El enebro eleva su energía.
- Sigel se asocia con el Sol y Marte en astrología, lo que hace que otorgue luz y conciencia a todo lo que le rodea.
- Su gema es el rubí.
- Sus arcanos mayores son El Sol y La Estrella, que nos iluminan y nos aproximan al universo.
- Su número es el 7.
- Asana Chaturanga: esta postura otorga fuerza y vigor, lo que rejuvenece el cuerpo.

TIR-TEIGUAZ
Resolución de objetivos, dirección y focalización

- Conseguir metas es conquistar con la voluntad.
- El amor propio, la confianza y el sentido común son las claves del éxito en la vida.
- Esta inscripción rúnica hace referencia a la salud y a todo lo que concierne al núcleo familiar y al clan social al cual pertenecemos.
- Tir indica la dirección que hay que seguir, el rumbo que se debe trazar, la dirección de nuestras metas y proyectos.
- Esta runa señala los objetivos y las estrategias que hay que utilizar en su conquista.
- Implica valor, destreza y coraje en la lucha, tanto en el ámbito espiritual como en la práctica cotidiana.
- Ésta es una runa poseedora de gran energía y fortaleza.
- Indica la necesidad de focalizar mis pensamientos, dar una dirección clara a los proyectos y pensar en las vías adecuadas para alcanzar las metas.
- Representa los objetivos y el poder para alcanzarlos.
- Cuando aparece invertida, representa la necesidad de revisar la dirección de nuestras acciones y si éstas son dirigidas hacia aquello que nos interesa o, por el contrario, hemos perdido el rumbo y vamos a la deriva.
- Podría indicar la falta de iniciativa, bloqueo y temor ante los acontecimientos.

Correspondencias

- Su árbol es el roble.
- El coral vibra con su energía.

63

- En astrología, la podemos asociar a las energías de Marte y Júpiter, planetas de fuego, es decir, de coraje y decisión.
- La carta asociada en el tarot son Los Enamorados, que otorga la energía y simbolismo de la pasión, así como La Emperatriz, que en su seno lleva la idea de un proyecto.
- En numerología se puede asociar al 9, la consecución de las metas propuestas, tener un objetivo claro de lo que se desea para conseguirlo, la consecución de los objetivos y lo que ello implica para obtenerlo.
- Asana Dandayamana Janusirsasana: estas dos posturas otorgan fuerza y concentración.

BEORG-BERKANA
Fertilidad y seguridad

- Beorg era la esposa de Odín y se encargaba, en los pueblos vikingos, de la fertilidad.
- Es una runa creativa que conecta con la parte más profunda del ser, con procesos de gestación y embarazo.
- Implica renacimiento y juventud, ya que esta runa representa la vida y la muerte en su más amplio contexto.
- También cura y protege de las enfermedades.
- Está relacionada con el matrimonio, las relaciones justas y la buena asociación en los negocios.
- Por lo general, otorgaba una vida cómoda y llena de placeres.
- Esta runa está presente en todos los procesos de crecimientos internos de la persona.
- Todos pertenecemos a algún tipo de familia o clan. Lo que nos une siempre estará muy cerca, con quien compartimos el corazón, y eso nos reconforta.
- Nos protege y calma las pasiones.
- Sin duda alguna, esta runa indica que estamos ante un período muy fértil de nuestra vida.
- Indica algún tipo de protección; es la necesidad de proteger a alguien o que nos protejamos, que también pueden ser la familia y el hogar.
- Representa vitalidad, crecimiento y renovación de la fuerza vital.
- Implica crecimiento, amor, fertilidad, salud, belleza y surgimiento del deseo.
- Pero también pasión, descuido, abandono y pérdida de control.

Correspondencias

- Es el símbolo del despertar de la primavera, que puede residir en una aventura amorosa.
- Su planeta es Venus.
- El abedul florece con su energía y continúa con la transformación.
- La piedra luna y el diamante velan por el bienestar y el crecimiento.
- Su número es el 4.
- Asana Janu Sirsasana: esta postura alivia los dolores menstruales y los síntomas de la menopausia.

EHWAZ
Movilidad y crecimiento

- La vida es movimiento y su expresión es crecimiento.
- Todo está repleto de horizonte que conquistar y mundos donde reflejarse para tomar conciencia de quiénes somos.
- El avance y el crecimiento son las pautas de esta runa; nos dice que no cesemos en nuestro empeño, sin descuidar la prudencia.
- Es una runa de fidelidad y progreso rápido.
- Implica traslado, movimiento, velocidad y transporte. Puede representar un caballo, un automóvil, un barco, un avión u otro vehículo, así como ciega precipitación, entrada precipitada y precipitación imprudente.
- Somos tan infinitos como el mundo que nos rodea; por ello, en estos momentos no nos podemos dedicar a la contemplación, sino a la acción.
- Si las palabras no van acompañadas de hechos no sirven de nada.
- Esta runa nos invita a tomar las riendas de la vida y a luchar por la realización de nuestros objetivos; nos recomienda escoger otro momento para relajarnos y movernos en vez de pensar tanto.
- Es una runa de acción, pero ésta ha de estar siempre acompañada de la prudencia y la constancia.
- Esta runa es la que nos habla de que las cosas empiezan a tomar forma, de que entramos en un período de mucha actividad en la vida.
- Consejo: no relajarse y ponerse manos a la obra.
- Se abren oportunidades para avanzar en cosas que parecían dormidas, así como para tratar de desarrollar estrategias que ayuden a conseguir nuestros objetivos.
- En caso de que esta runa caiga en la casa de la pareja, ésta debería salir de la rutina. En caso de que caiga en la casa décima, nos invita

a sacar a la luz nuestros mejores proyectos; en cambio, en la casa segunda, indica que hay que mover nuestro dinero; por otro lado, en la sexta, hay que hacer ejercicio, etc.

- Si sale invertida, representa la necesidad de mirar bien por dónde se va, poner atención cuando hay desplazamientos, no derrochar tanta energía y plantearse si merece la pena el esfuerzo.

Correspondencias

- Su árbol es el fresno.
- Su gema es la poderosa malaquita «…que el mal quita».
- Los arcanos que se asocian a esta runa son El Carro y La Rueda de la Fortuna.
- Los planetas son Marte, Júpiter y Mercurio.
- Su número es el 3.
- Asana Bhujapidasana: postura de la precisión, que estimula la fuerza de voluntad y proporciona ligereza al cuerpo.

MANNAZ-MANNUS
Toma de consciencia en momentos de cambios

- la máxima riqueza es encontrar nuestro propio equilibrio, en este sentido, la metamorfosis es la clave para alcanzarlo.
- Pueden aparecer cambios inesperados que darán un giro decisivo en nuestra vida, y se va a producir una transformación interna importante utilizando el sentido común a la hora de enfocar estos cambios o transformaciones.
- En cuanto a su nombre, hay que decir que Mannaz = Man = hombre, y hombre es sinónimo de mortal.
- Es la runa del ser, de la raza y de la humanidad entera.
- Mannaz es el mago de las runas, y representa inteligencia, prevención, destreza y habilidad, pero también malicia, manipulación y cálculo.
- Representa las virtudes mentales, la imaginación, el deseo de adorar y la manipulación del entorno, habilidades que reciben su energía del alma humana.
- Es el hombre astuto y la hechicera, que tienen los medios para conseguir el fin.
- En magia, se usa para evocar los poderes del intelecto.
- Lo que nos hace físicos es el cuerpo y la materia. Conectarse con los recursos materiales siempre ha de ser algo armónico; si se posee más de lo necesario, se estará desbordado y uno se vuelve inflexible, pero si existe carencia, entonces hay falta de armonía.
- Invita a meditar y a tomar conciencia sobre los posibles resultados de la propia actitud, obliga a repasar con sentido común los cambios que se están haciendo, si éstos realmente compensan el esfuerzo y si, finalmente, hacen sentir a la persona bien y satisfecha.

- Cuando aparece invertida, indica que existe cierta falta de atención y no se valora lo suficiente lo que se hace. Hay un desconocimiento real del precio que se va a tener que pagar por los cambios que se están causando. Quizás no se haya calculado si compensa o no cambiar la situación.

Correspondencias

- El acebo proporciona sombra a esta runa, y el granate nos ayuda a transformarnos junto a ella.
- Las energías planetarias son Saturno y Plutón, dos pesos pesados energéticos que nos hacen tomar muy en serio el precio que debemos pagar en nuestra evolución.
- Los arcanos a los que asociamos Mannaz son La Muerte, La Papisa y La Luna.
- Su número es el 9.
- Asana Siddhasana: esta postura mantiene la mente alerta y atenta.

LAGAZ-LAGUZ
Intuición

- Lagaz representa el agua del mar, de los ríos y de las cascadas.
- Tenemos muchos tipos de inteligencia, pero hay una que supera al resto, la intuición, es decir, aquello que sabemos pero no podemos explicar con la mente, aunque lo sentimos como cierto en el corazón, el corazón en estos casos no se suele equivocar, porque sencillamente siente y no piensa.
- Es lo femenino, la intuición y todo lo que tiene que ver con los estados emocionales.
- Puede representar la influencia de la figura de una mujer que ejerce algún tipo de poder interesado sobre nosotros.
- Apuesta por lo que intuyes, lo que sientes, y deja a un lado la razón.
- Puede representar también a alguien muy sutil o de energía femenina.
- Cuando aparece invertida, representa el hecho de no dejarse atrapar por la melancolía y dejar de ser tan romántico o perezoso, y obrar con más sentido común y firmeza.
- Representa el agua, los lagos, las fantasías, los misterios, lo desconocido, lo oculto, lo profundo y el inframundo, así como la locura, las pesadillas, la obsesión, la desesperación, la perversión, la enfermedad y el suicidio.

Correspondencias

- Se corresponde con el inconsciente.
- El sauce se agita con su energía.
- La perla protege nuestro lado más vulnerable.

- En astrología, asignamos a Lagaz la energía neptuniana y de la Luna, que se sumerge en el universo mental a través de la fantasía, la imaginación y las percepciones sensoriales. La Luna también se asocia a esta runa, donde, de alguna manera, se alberga todo lo intuitivo y lo femenino.
- Sus cartas del tarot son La Papisa y La Luna.
- Su número es el 7, la energía espiritual e intuitiva surgida en lo profundo de nuestra psique.
- Asana Upavishta Konasana: controla y regula el flujo menstrual de los ovarios.

INGWAZ-INGRUZ
Amor y pareja

- La confianza, la creatividad, la conexión y el respeto son elementales en una relación de pareja.
- Cuanto más entendimiento mutuo hay, más armonía y un crecimiento más sólido se desarrolla en la vida de una pareja.
- Representa las relaciones emocionales de la persona, de su pareja o del tipo de pareja deseada.
- Esta runa indica que los problemas comienzan a desaparecer y los proyectos empiezan a tomar forma y a resolverse, tanto en pareja como en los negocios.
- Consejo: al aparecer esta runa en alguno de nuestros lanzamientos, nos pondrá en contacto con mi otro yo, aquella persona que he elegido para representar a quien soy a través de ella.
- Cualquier comportamiento u alteración significativa, por lo general representa algo que me afecta y es un reflejo de mí mismo a través del otro.
- Del mismo modo que me comporto con el otro me suelo tratar a mí mismo en lo más personal e íntimo.

Correspondencias

- Esta runa está representada por el olivo.
- El cuarzo rosa simboliza que regeneramos nuestro amor en todo.
- El planeta asociado a esta runa es Venus.
- Su arcano mayor corresponde a la carta de Los Enamorados.
- Su número es el 7, que representa a mi otro yo, el yo reflejado.
- Asana Vrschikasana: postura del escorpión. Proporciona equilibrio y estabilidad emocional.

DAGAZ
Cambios

- La vida es una mutación constante. Si algo se estanca en la vida, la energía se detiene y se crean bloqueos, lo que produce un colapso, tanto en lo emocional como en lo psicológico, que cristaliza en determinadas somatizaciones.
- Supone una alerta ante una posible situación de cambio, cambios generales que indican que nada permanece durante demasiado tiempo en el mismo sitio y de la misma forma.
- El cambio es algo natural para que nuestras energías se movilicen cuando están estancadas o mal dirigidas.
- Lo que funciona permanece, y lo que no, crea una crisis, la crisis es la antesala del cambio, lo que le da sentido a la mutación hacia quién soy en realidad, pues Dagaz es la parte oculta de mí y de todas las cosas que han de ser trasformadas.
- Representa una realización, un círculo, un período, una fase, la duración de una vida, una unidad de tiempo, pero también el final y los límites de un círculo vicioso.
- Para que lo nuevo pueda entrar a nuestras vidas, lo viejo tiene que salir.
- Dagaz representa la luz del día en el culto solar.
- Esta runa representa la totalidad y concluye lo que no está completo.
- Los apegos creados pueden sembrar dudas ante lo nuevo y aparecen los miedos que no nos dejan tomar decisiones correctas.
- Es un momento óptimo para plantearse un cambio de estrategia, de vida, de relación, de trabajo, etc.
- Una determinada situación ha de cambiar; de lo contrario, caeríamos en la pesadilla kármica de repetir siempre la misma historia una y otra vez.

Correspondencias

- Su árbol es el abeto, que eleva esta runa a lo más alto de nuestra conciencia.
- En cuanto a su gema, la luz que proyecta el diamante salpica de energía a todos nuestros nuevos proyectos, renovándolos.
- El planeta que se asocia con esta energía tan mutable es Plutón, el planeta de la regeneración, la mutación, la adaptación y el cambio.
- Sus arcanos mayores corresponden y se asocian con La Torre y La Rueda de la Fortuna.
- En cuanto a su número, la energía de Dagaz, en numerología, hace referencia al 8, al número del infinito, e implica transformación para desterrar la influencia opresiva de un ambiente hostil.
- Asana Ardha Matsyendrasana: esta postura tonifica y mantiene elástica la columna. Antiguamente, representaba el pez que adquirió forma divina y se transformo en Matsyendra, el rey de los peces.

OTHALAZ-OTHILA
Bienes, herencia y dinero

- La energía del dinero es un intercambio energético, cómo utilicemos ese intercambio y cómo hagamos circular su energía depende de cada uno y su sistema de valores.
- Todo lo material se encuentra en esta runa, en concreto herencias, juicios, transacciones comerciales y dinero.
- Othalaz se presenta ante nosotros como una invitación a repasar el valor que otorgamos a las cosas, no sólo materiales, sino también afectivas y espirituales.
- Cuando aparece esta runa, suele indicar que hay algo relacionado con papeleos, finanzas, escrituras de inmuebles o transacciones comerciales. Requiere nuestra atención, sobre todo si se trata de herencias.
- Representa la casa y el espacio de alrededor, la propiedad, el país de nacimiento, el campo, las posesiones seguras. Pero también puede estar involucrado mucho karma, patriotismo, prejuicios, chauvinismo y provincialismo, y representa aquello a lo que la persona está ligada.

Correspondencias

- El manzano es el árbol que nos brinda el fruto de los bienes.
- El ámbar, con su cristalino caramelo, endulzará nuestras ambiciones más externas.
- Astrológicamente, Othalaz representa las energías del planeta Mercurio, y también de Plutón si se trata de herencias.
- Su arcano está representado por El Emperador.
- Sus números son el 4 y el 8.

- Asana: postura del águila. Concede concentración y firmeza para alcanzar nuestros objetivos.

Runas talladas en plata y esmalte a fuego.

Lanzamientos con runas

Lanzamiento único

A continuación, como ejemplo, se muestra lo que
acontece cuando realizamos un lanzamiento único.
En primer lugar, debemos pensar en lo que queremos preguntar, para después sacar una única runa
con la mano izquierda. En este caso, la runa escogida
es la de los viajes y desplazamientos, el extranjero, las situaciones y
las cosas lejanas. Probablemente se producirá algún desplazamiento
por motivos de trabajo, salud o una situación personal o sentimental,
dependiendo de la pregunta. Después, hay que volver a preguntar más
detalles sobre la misma pregunta y se tiene que sacar otra nueva runa,
que ampliará la información.

Lanzamiento de tres runas

En todos los lanzamientos, se ha de
hacer la pregunta con muchísima
claridad y después escoger las runas
con la mano izquierda, que representa nuestra parte derecha del cerebro,
es decir, lo intuitivo, el inconsciente,
nuestra sabiduría interna.

Pasado-presente-futuro

La runa de la izquierda habla sobre el origen de la pregunta, dónde se
gestó. En cambio, la runa del centro es el estado actual y cómo nos es-

tamos tomando la pregunta en este momento. Por su parte, la runa de la izquierda nos situará en sintonía directa con el posible resultado de la pregunta, con el consejo que debemos seguir.

Lanzamiento en cruz

En la parte superior de la tirada en cruz se encuentra lo que nos conecta con nuestra parte más consciente, lo más espiritual y el consejo más sabio. En la parte inferior de la cruz, en cambio, aparece el aspecto práctico de la pregunta. La lectura horizontal, por su parte, se lee del mismo modo que la anterior (pasado-presente-futuro), comenzando por la izquierda.

Lanzamiento de runas a través de los arcanos

En este método, encontramos la sabiduría interna que esconden los arcanos del tarot en correspondencia directa con el significado de cada una de las doce casas astrológicas. En el gráfico aparecen recogidas solo doce figuras arcanas, un arcano por casa o sector astrológico, que vincula y asocia el significado del arcano con el de la casa astrológica.

Lectura astrológica con runas y cartas combinadas

Hemos de escoger y colocar ordenadamente y uno por uno, el arcano escogido con la mano izquierda sobre cada una de las casas o sectores astrológicos, comenzando siempre por el ascendente o lo que es lo mismo la primera casa. Si queremos hacer la lectura combinada de runas y cartas, simplemente tendremos que sacar una runa y colocarla encima de cada una de las cartas, estas combinadas nos amplían la información acerca del sector donde se produce la pregunta.

El Mago

Representa la voluntad creativa, el poder absoluto de la creación y todas las posibilidades que se encuentran a nuestro alcance.

Este arcano hace referencia a un joven impetuoso. Cualquier runa asociada a El Mago hará al individuo sumamente creativos y comenzará con la cuestión consultada por la runa escogida.

Con respecto a este arcano, si la runa escogida es Isa, por ejemplo, se ha de ir muy despacio o aplazar el asunto consultado para otro momento.

La Sacerdotisa

La carta de La Sacerdotisa o La Papisa proporciona las claves de cómo a través del significado de la runa, ascendemos al saber y al conocimiento de este arcano, desde la intuición, la prudencia y la reserva, que son las claves de la sabiduría madura y estudiosa, de alguien que no muestra todo su saber por prudencia o desconfianza.

Cualquier runa asociada a este arcano transmite que se ha de reflexionar más sobre el asunto, estar bien documentado y no ser demasiado confiado o ingenuo.

La Emperatriz

La runa que se asocie con este arquetipo femenino se tiñe de creatividad e intuición, armonía entre la mente y el espíritu, lo femenino, lo sensual y lo afectivo.

Fehu, por ejemplo, que es la runa del trabajo, advierte de que hemos de buscar y desarrollar nuestra inquietud laboral en alguna área creativa que permita dinamismo, libertad y creatividad.

El Emperador

El Emperador representa el poder material y temporal; lo material, conocimientos para sacar de la vida beneficios materiales.

Representa también la estabilidad, la posición social o el estatus de la persona, el bienestar, la solidez y los placeres materiales.

Cualquier runa asociada a El Emperador se carga de responsabilidad y madurez. Ingwaz, por ejemplo, la runa de las relaciones, en esta posición nos obliga a ser maduros y comprometidos con nuestra pareja.

83

El Sumo Sacerdote

Habla de experiencia del espíritu a través de la forma, la voluntad del alma en consonancia con el estado evolutivo de la persona, el conocimiento de las leyes universales y el reconocimiento de la verdad en cada acto.

Vamos a comprobar si estamos preparados para crecer o seguimos encadenados a la inconsciencia.

La runa que relacionemos a este arcano nos hablará del nivel evolutivo consciente y espiritual donde nos encontramos.

Los Enamorados

Relacionados con la casa siete astrológica resume cómo y qué acontece en el área de los afectos y las relaciones íntimas de pareja, en el amor y en la atracción física.

Si se asocia a la runa Ehwad, o runa del movimiento y crecimiento, nos pone en sintonía directa con el dinamismo que damos a nuestra pareja, así como del modo en que debemos movernos dentro de esta relación.

84

El Carro

Este arcano muestra un camino a seguir, la dirección que debemos tomar en nuestra consulta; describe el camino que conduce al éxito y la posición social, la acción y las compañías que frecuentamos, al mismo tiempo que denota energía y fortaleza, así como clase y distinción.

Nos indica cómo hemos de centrarnos en una sola dirección en vez de dividirnos en varias direcciones, cómo unificar las fuerzas y hacer que sean una sola.

La runa que aparezca relacionada con este arcano proporciona movilidad y dirección al tema, haciendo hincapié en la necesidad de tomar las riendas en el asunto mostrado por la runa consultada.

La Justicia

La Justicia nos habla de reajustes energéticos, equilibrios y valorizaciones, así como de pleitos y temas burocráticos.

Si la runa Ingwaz, la runa de las parejas, se sitúa en relación con este arcano, tenemos que enfrentarnos a temas legales referentes a una separación, divorcio o boda, donde hay que obrar de manera imparcial, con lentitud y con cierto rigor.

El Ermitaño

Este arcano representa la sabiduría y el estado espiritual y religioso de la persona, su interés por los estudios, su sentido de la reflexión, la justicia y el extranjero.

Aquí, la runa Gifu, la runa de los compañeros, habla de la necesidad de crecer compartiendo y buscando ideales acordes a su nivel evolutivo, compartiendo su saber con los otros.

La Rueda de la Fortuna

Indica que todo en esta vida es cíclico y que las cosas cambian y se modifican, que en realidad estamos en una eterna mudanza con vacaciones temporales de estabilidad y quietud.

Representa el dinamismo, el movimiento traído por el destino para que nos abramos a lo nuevo.

Si relacionamos la runa Othalaz, runa que representa los bienes materiales y las cosas que para nosotros tienen un valor, indica que estos valores van a sufrir un avance o un retroceso, dependiendo del resto de runas que acompañen la consulta. Se pasará a tener más o menos dinero, o si se venderá o no la casa que tenemos en venta.

86

La Fuerza

Tradicionalmente se relaciona con la fortuna y la suerte. También es una carta que nos confiere valor y la necesidad de adquirir responsabilidad sobre el esfuerzo por conseguir nuestro objetivo, valorar y tomar cuentas de nuestras energías.

En un lanzamiento, Dagaz, la runa de los cambios relacionada con la Fuerza, nos advierte de la necesidad de cambiar y economizar nuestras energías para propósitos más prósperos. En este sentido, indica el final de un arduo trabajo y el inicio de un período de más relajación.

El Colgado

Se vive en un plano de espiritualidad y cierto desapego material. Paradójicamente, no se tiene los pies en la tierra y su estado es de pasividad y abnegación.

Cualquier runa asociada a la carta de El Colgado, como puede ser la runa Ehwad o de la movilidad, nos hace tomar consciencia de que vamos distraídos por la vida y no prestamos atención, que obramos de una manera un tanto irracional o distraída, que damos una imagen de persona variable y un tanto disonante.

La Muerte

El cambio y la transformación es algo que aparece en todas las partes de la naturaleza, es la carta que indica que ha terminado un ciclo, una relación, un negocio, una etapa.

Si aparece acompañada de una runa como Ansud, la runa de los estudios, la comunicación y el aprendizaje, indica que nuestro ciclo de estudios llega a su fin y que hemos de pasar a la práctica de lo aprendido y abandonar la teoría.

La Templanza

Cuando una runa aparece relacionada con este arcano nos habla de una necesidad de diálogo y de entendimiento, de considerar varios puntos de vista, de valorar y equilibrar. También de cierta protección, de dar y recibir.

Una runa como Siguel, la runa del éxito, asociada a esta carta, nos proporciona entendimiento y fluidez en la comunicación. En este sentido, indica que se llegará a un acuerdo.

El Diablo

Aquí aparecen los apegos y las pasiones, donde el individuo queda preso y sujeto a ciertos desequilibrios y condicionamientos que debe superar.

La runa Wunjo, por ejemplo, aquí aparecería mostrando una etapa de vicios y poca consciencia, de excesos de todo tipo y demasiada fiesta, donde el individuo no es consciente del precio que debe pagar, haciéndose poco responsable de sus actos. El individuo ha de calmarse un poco y poner límites a tanta euforia.

La Torre

Este arcano deja caer lo que ya no se puede sostener por sí mismo. Es la oxidación de las formas y la decadencia de lo que no funciona. Indica rupturas, muertes y nuevos planteamientos de cómo han de ser las cosas. Todo muestra que la energía cambia y ya no hay sitio para lo caduco.

La runa que aparezca con este arcano, por ejemplo, Perdhro, que es la runa del aislamiento, supone que concluyó la etapa de soledad y que el individuo ha de relacionarse y salir de su letargo en soledad.

La Estrella

El cielo está con nosotros enviándonos sus bendiciones. Es un momento afortunado, de ilusiones y esperanza, de cristalización de sueños y protección.

El arte, la belleza, la juventud, la creatividad y la exaltación de buenos valores cristalizarán en estos momentos en lo que hagamos. Es una runa de ideas claras y buena conexión con los otros.

Cualquier runa asociada a La Estrella, por ejemplo Tir, la runa de la dirección y la focalización, nos indica que vamos por el buen camino y que dispondremos de apoyos y buena suerte en muestro trayecto por la vida.

La Luna

Con La Luna, las cosas no se ven nada claras y aparecen temores e inseguridades. La ilusión es una compañera que puede traernos muchos desengaños, es momento de salir de la confusión y olvidar el pasado renovando nuestras energías y enfrentándonos a los problemas, los miedos y las dudas.

Una runa como Fehu, la del trabajo, nos diría que el miedo y la parálisis a no encontrar el trabajo deseado no debe desmotivarnos para seguir buscando y luchando para conseguirlo.

El Sol

Éxito, aceptación, felicidad, nobleza, armonía y asociaciones felices son algunas de las características de este gran arcano mensajero de luz. Una runa como Beorg, la runa de la protección y la familia, de los embarazos y la fertilidad, en general nos traería buenas noticias como un embarazo o que nuestro hogar se llena de alegría y luz por cualquier otro motivo.

El Juicio

Aquí se aclara o ha de aclararse cualquier situación poco clara; es un momento de toma de conciencia, de dar sentido a las cosas y de valorar los pros y los contras. Por ejemplo, con la runa Raido, la de los viajes, nos lleva a reflexionar sobre determinado viaje que tenemos proyectado, los gastos, intereses, fechas que hay que concretar...

El Mundo

Este arcano representa el éxito de lo social en nuestras vidas en forma de premios, homenajes y triunfos, acompañados de plenitud. Es un momento de expansión en que el mundo le espera. Con una runa asociada a este arcano, como podría ser Uruz, la de las puertas que se abren o cierran ante nosotros, hemos de aprovechar las circunstancias y dar un primer paso para conseguir nuestros objetivos a nivel de integración en grupos o puestos de relevancia en asociaciones públicas.

El Loco

Ésta es la carta de los soñadores y aventureros, de los amantes de lo desconocido y de todos aquellos inconformistas que no dejan de buscar en esta vida, de los que piensan de manera distinta y tienen criterios propios y exclusivos, de los creativos por excelencia que están más allá de los convencionalismos. Cualquier runa asociada a El Loco le confiere un matiz singular y de desarrollo poco convencional, por ejemplo, cuando se asocia a Gifu, runa la de las amistades y los socios, indica que nos encontramos con un personaje o en un momento vital del consultante en que se relaciona con personas diferentes al resto, con gente muy original. Éste es un momento en que podemos estar un poco despistados o distraídos.

LANZAMIENTO ANUAL
(MES A MES)

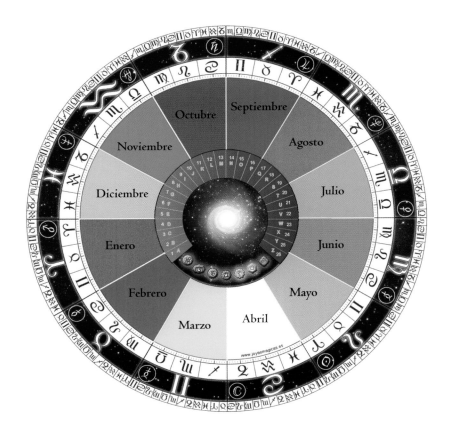

Éste es un método de consulta general para visualizar cómo va a ir a grandes rasgos el nuevo año que va a comenzar, con lo que lo más aconsejable es ejecutar el lanzamiento o bien en diciembre o en enero, tomar nota de la posición de las runas o hacer una fotografía para ir recordando.

LANZAMIENTO A TRAVÉS
DE LOS DOCE COLORES

Los colores y sus correspondencias con los signos y las casas astrológicas en un lanzamiento rúnico.

Este innovador método cromático consiste en escoger una runa para cada casilla, comenzando por la de color rojo, que corresponde a la frecuencia cromática del signo de Aries, la segunda runa en la casilla verde que corresponde a tauro, la tercera runa en la casilla de géminis y así sucesivamente hasta completar las doce casillas, después asignaremos el significado de la runa con el del color de la casilla de la runa y haremos la lectura.

Granate	Aries	acción
Verde	Tauro	tierra
Amarillo	Géminis	comunicación
Blanco	Cáncer	familia
Dorado	Leo	yo
Marrón	Virgo	practico
Rosa	Libra	relaciones
Rojo intenso	Escorpio	intensidad
Morado	Sagitario	espiritualidad
Gris oscuro	Capricornio	profesionalidad
Azul claro	Acuario	sociabilidad
Púrpura	Piscis	trascendencia

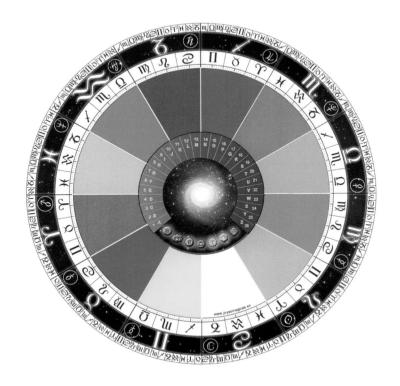

LANZAMIENTO ASTROLÓGICO CON RUNAS

Estos tipos de lanzamientos, consisten en trazar doce sectores que representan las casas astrológicas, para colocar runas sobre ellas. Para ello, se divide un círculo en doce partes o sectores, lo mismo que se hace en astrología al diseñar un mapa astrológico.

Este método de lectura que he creado, es ideal para examinar todas las áereas generales de nuestra vida, así como dónde, cuándo y cómo se están manifestando las energías en nuestra vida. Por otro lado, una vez que se sabe manejar con soltura la ciencia astrológica y el estudio de la mecánica celeste (podemos utilizar el mapa astrológico de cada persona, que depende de la hora, el día y el lugar de nacimiento del individuo), lanzamos las runas sobre la posición personal de cada uno de los planetas y aspectos que éstos forman en este mapa personalizado de nacimiento y único.

LAS DOCE CASAS O SECTORES ASTROLÓGICOS A TRAVÉS DE LAS RUNAS

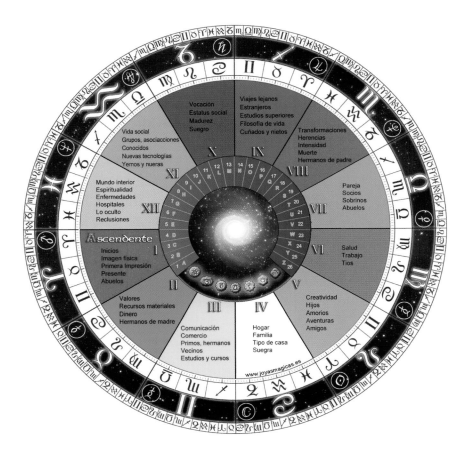

Estos doce sectores astrológicos se dividen en dos grandes bloques, partiendo siempre del ascendente, que es el lugar donde estaba el sol en el momento exacto de nacer. Las seis casas más personales, las seis primeras y de la siete a la doce serían nuestras áreas más sociales, donde los otros, de alguna manera, se manifiestan como espejo en nuestras vidas. Hay que comentar que existen seis ejes astrológicos principales, además de los de los nodos, de los cuales ya hablaremos más adelante.

Ejemplos de un lanzamiento astrológico:

Cada uno de estos doce sectores astrológicos representa el escenario en el que transcurre el aquí y ahora de nuestra vida, y las runas representan a los actores actuando en ese mismo escenario, al mismo tiempo que estos últimos tienen unas características concretas muy sencillas, como ya se ha dicho antes. Tras extraer la primera runa, la debemos poner en el sector primero, que corresponde a la primera casa en astrología o primer escenario, cuyo decorado representa lo más inmediato de la persona, lo que le interesa en primer lugar, el individualismo y su puesta en escena. La segunda runa que saquemos, por supuesto con la mano izquierda, la pondremos en el sector segundo, que representa el dinero y los valores personales. La tercera, en el tercer sector, que se corresponde con la comunicación y los hermanos. La cuarta, en el cuarto sector, que es el hogar, y así sucesivamente, hasta completar los doce sectores con las runas que nuestra mente subconsciente ha elegido para comunicarse con mi yo consciente.

Si hacemos una combinación de los doce sectores o casas, con doce runas escogidas, tendremos un mapa de lo que en esencia somos y la situación de las cosas en estos momentos. La información obtenida será muy precisa en nuestras consultas si las runas son escogidas desde la serenidad y con la mano izquierda, que asociamos a nuestra mente más sabia, el inconsciente; hay que recordar que éste alberga cerca del 90 % de nuestra información.

Ejemplos de runas en la primera casa:

La primera casa describe la personalidad del consultante, lo inmediato, cómo estoy ahora y nuestra presentación.

• Si sacamos Isa en este sector, por poner un ejemplo, entenderemos que en este momento de mi vida, yo estoy parado o bien todo lo está. Tenemos que ser pacientes y plantearnos una cuestión muy en serio, adelantarnos a los acontecimientos no estaría en sincronicidad con lo que esperamos, y llegar retrasados sería un error. Permanecer quietos y relajados nos hará ver y sentir mejor las cosas.

- Si en nuestro lanzamiento la primera runa que hemos sacado es Fehu, nos está advirtiendo de que el trabajo es el área que primordial en mi vida en este instante, bien por la necesidad de encontrarlo, por cambiar a otro o en que hay temas que me están afectando en gran medida en el aspecto laboral. Podemos observar que la casa opuesta, en este caso la casa siete, complementará la información sobre las runas que hayan caído en la casa primera. El uno representa el yo y su eje opuesto hace referencia al otro, es decir; del modo en que vibras atraes y con igual intensidad la vibración captada, somos puros reflejos cuánticos donde todo se conecta al tomar la conciencia de algo.

Ejemplos de las runas en casa segunda:

La segunda runa escogida nos habla de lo que acontece en la segunda casa, la casa de nuestros recursos, del dinero, los bienes y sobre todo del valor que damos a las cosas.

- Othalaz en la segunda casa traería consigo beneficios materiales, pero también nos podría avisar de que podemos estar dando un valor excesivo al dinero como energía y esto puede afectar a otras áreas más desatendidas energéticamente.
- Ingwaz en la segunda casa nos habla del significado de la pareja, qué valores nos ofrece, cómo la valoramos o en qué nos aporta y cómo valora lo que le doy.

Ejemplos de runas en casa tres:

La runa que escojamos para este sector nos habla de nuestros temas de la casa tercera, los estudios, la comunicación y relación con los amigos y los hermanos.

- Uruz en la casa tercera estaría muy relacionada con posibilidades de conectar con lo que deseamos a través del diálogo y la tolerancia, así como es de vital importancia la manera de presentarnos al mundo, porque como decimos las cosas, en que tono, con qué nivel educativo, determina como abrimos y cerramos las puertas a las personas y al mundo.
- Thurisaz en esta casa también habla de comunicación, en este caso representa la revisión de asuntos de la tercera casa: multas, documentos de todo tipo, diálogo, etc., siempre guiada desde la reflexión, la revisión y la justicia. Es probable que esta runa hable de abogados, juicios o algún tipo de malentendido del que conviene que nos protejamos.

Ejemplos de runas en casa cuatro:

Asuntos del hogar o la relación con nuestra madre y la adolescencia.

- Si Gifu es colocada en la casa cuatro, nos orienta sobre los temas relacionados con nuestro hogar. Gifu en esta posición, nos habla de todo tipo de cosas que se comparten y conectan dentro de nuestro hogar.
- Wunjo en la casa del hogar proporciona una convivencia alegre y feliz.
- Raido en el hogar da casas itinerantes, como puede ser vivir en hoteles o sencillamente en un auto caravana.

Ejemplos de runas en casa quinta:

La quinta casa se asocia a nuestra parte creativa y cómo disfrutamos de la vida, los placeres en general y los hijos.

- Kenaz en este sector nos indica que somos inmensamente creativos, abiertos y aventureros con la vida, que nos gusta disfrutar de los instantes, viviendo la sexualidad sin tabúes ni condicionamientos externos.

- Beorg en la quinta casa habla del nacimiento de un nuevo miembro familiar, de felicidad en torno al hogar, donde se dan temas importantes. También puede hacer mención a la necesidad de proporcionar seguridad y bienestar a la familia, se trata de un hogar creativo y jovial.

Ejemplos de runas en casa sexta:

La sexta casa se asocia con cuestiones laborales y de salud en general, no con enfermedades graves, ya que éstas aparecen en el sector doce.

- Mannaz nos hace tomar consciencia de nuestra salud y cómo restablecerla y cuidarla. La salud es un reflejo de las tensiones que acumulamos en nuestro día a día y hemos de tomar consciencia de ello, nuestra actitud mental y nuestro cuidado físico será primordial. En cuanto a las cuestiones laborales, Mannaz en la sexta casa nos indica que es el momento de cambiar las cosas que no van bien en el trabajo y restablecer el equilibrio de una manera más armoniosa.
- Ehwad en la sexta casa habla de la necesidad de realizar ejercicio físico y de una buena alimentación, así como de la necesidad de un trabajo independiente donde la persona se pueda mover libremente y con soltura.

Ejemplos de runas en la casa siete:

La séptima casa hace referencia a los socios, los matrimonios o las parejas.

- Wyrd en séptima casa nos comunica que los aspectos aparecidos en la casa de las relaciones íntimas son fruto del destino, y sencillamente no hemos de hacer nada más que dejarnos fluir, sin modificar ni obstaculizar nada.

- Jera en la casa de las relaciones, nos descubre relaciones kármicas que aparecen para sanar algo del pasado, o bien situaciones no resueltas tiempo atrás con nuestras parejas.

Ejemplos de runas en la casa ocho:

La octava casa está asociada con el dinero de los otros, como herencias o inversiones, aunque también lo está con la muerte, las grandes transformaciones y el mundo de la psique, es importante destacar que en esta casa cualquier runa cobra una gran intensidad.

- Niez en esta casa nos muestra que hay brechas muy profundas que todavía están por sanar y que es el momento de la lucha interior y los cambios, problemas con el dinero o algún desajuste emocional muy traumático que exigirá una compleja transformación.
- Lagaz en esta posición implica una intuición excepcional, una mediunidad energética asombrosa y gran poder de magnetismo. También exige mucho tacto a la hora de tratar temas emocionales.

Ejemplos de runas en la casa nueve:

La novena casa está relacionada con los viajes largos, los estudios superiores y el extranjero, la filosofía de vida, el sentido religioso y las creencias espirituales de la persona.

- Ingwaz, la runa de amor, en este sector nos habla de la compenetración espiritual con la persona amada y la necesidad de franqueza y honestidad en la relación.
- Ehiwaz en esta posición indica que la relación goza de energía, salud, buen desarrollo, dinamismo y energía positiva.

Ejemplos de runas en la casa diez:

La décima casa está relacionada con temas profesionales y la posición social del individuo.

- Eolh en el sector de la profesión nos indica éxito social, prestigio y autoridad. La persona es respetada y su sentido de responsabilidad es importante.
- Tir en este sector décimo hace perseguir metas elevadas y sabe conquistar con sabiduría los objetivos precisos, es combativo y tenaz en sus resultados, sabe cómo obtener recursos y cómo dirigirlos.

Ejemplos de runas en casa once:

La casa decimoprimera representa a los conocidos y a los grupos, la vida social del individuo, Internet y a las redes sociales como Facebook.

- Perdhro en este sector indica que los grupos de índole espiritual adquieren énfasis y protagonismo, las meditaciones colectivas, causas humanitarias, en este sector aparecen personas conocidas que pertenecen a organizaciones religiosas o a una secta o grupo esotérico.
- Hagall representa en este escenario, cómo algunos individuos cercanos o pertenecientes al área social de la persona son energías perjudiciales para ella y su entorno. Hay una tendencia a relacionarse con las personas problemáticas y a romper con amigos o salir de grupos que ya no aportan nada al individuo.

Ejemplo de runas en casa la decimosegunda:

Esta casa es el área más oculta y privada de nuestra personalidad, donde se esconden los secretos y aquello que no suele salir a la luz en público. También es el área de la compasión por el prójimo, se relaciona con los hospitales, las enfermedades y la soledad. Éste es un sector donde se activa el sentido ilusorio del individuo, la creatividad y la fantasía.

- Jera, la runa del karma, en este sector se encuentra en una posición de revisión y búsqueda interna, de comprensión de que lo que nos está aconteciendo no es otra cosa que el resultado de nuestras acciones pasadas.
- Amsud en la casa doce nos hace profundizar y analizar más lo que nos está ocurriendo a nivel inconsciente, el problema, o problemas, que hay que analizar aquí es de origen muy profundo y doloroso, para lo cual es preciso saber lidiar con el lenguaje de los sueños y penetrar en el inconsciente, en ocasiones a través de la ayuda terapéutica.

Por último, a la runa decimotercera la situamos en el centro del círculo de las doce casas, esta nos habla del resumen general de todo el lanzamiento.

Ejemplos de la runa número trece con la que cerramos la consulta:

- Dagaz habla de cambios, con lo cual, esta runa en el sector nos alerta sobre un período de grandes cambios y transformaciones.

ASTROLOGÍA Y RUNAS

La astrología es como una brújula del alma, un escenario (las casas) en el que actúan unos actores (planetas o runas) con un guion lleno de aspectos, que es la representación en pormenores. El sentido de nuestra alma se observa en los nodos lunares, también llamados cabeza de dragón (nodo norte) y cola de dragón (nodo sur). En este sentido, si hacemos una combinación de sectores (casas), planetas (energías) y signos (todos tenemos los doce en nosotros mismos), tendremos un mapa de lo que en esencia somos a nivel energético.

Cómo recorramos ese mismo camino trazado ya en el mismo instante de nuestro nacimiento depende de nosotros.

Nosotros escribimos el futuro a cada instante, y no hay más futuro que el presente.

Recordemos de nuevo que somos lo que pensamos y cómo procesamos esos pensamientos acaba convirtiéndose en lo que nos convertimos. Nos estamos diseñando a cada instante, dependiendo de la calidad y la forma de nuestros pensamientos, éstos, teñirán las emociones y las sensaciones que percibimos, por tanto, nuestra felicidad depende en buena medida de nosotros, de la calidad de esos mismos pensamientos y del nivel de consciencia que hay en ellos.

Las cosas son como son, pero lo importante es cómo uno lo perciba y se las tome. Hay que enfocar y dirigir la vida desde la mente con consciencia y meditación, ya que tendrá como recompensa el equilibrio y la paz interna, y eso estará muy cerca de lo que denominamos felicidad.

Conocer nuestras energías personales, perdonar y aceptar que nuestros errores y los ajenos pueden ser aciertos al proporcionarnos un plus de sabiduría, aceptar las limitaciones y tomar consciencia de que cada instante es eterno e irrepetible, que es esencial para nuestra plenitud y desarrollo personal. Con el estudio de la astrología, todo esto resulta un poco más fácil, ya que somos polvo de estrellas y nos comportamos como tal: eso es la astrología, la relación directa entre el cielo y la tierra en nuestro pequeño gran universo.

Ejes astrológicos

Los ejes astrológicos representa el seccionamiento de las doce casas astrológicas en seis, es decir, una casa y su opuesta o complementaria, representadas en el gráfico astrológico por la que tiene enfrente.

Los ejes astrológicos son los siguientes:

- **Primer eje:** Este está formado por casa uno y casa siete, la relación entre yo y el otro.
- **Segundo eje:** Formado por la casa dos y la opuesta, la ocho, mis valores y los del otro, mis valores que se darían en la casa segunda y los de los otros en la casa octava.

- **Tercer eje:** El tercer eje habla de la comunicación y lo forman, la casa tres y su complementaria la nueve, describe como yo me comunico en lo cotidiano y como afecta esto a un nivel más profundo en la casa nueve.

- **Cuarto eje:** Aquí se desarrolla nuestra área domestica y social, la casa cuarta representa las características de la casa donde nos hemos criado y su estatus en la casa de enfrente, la casa 10.

- **Quinto eje:** Representa el aspecto creativo de la vida personal y social, aquí se encuentra mi relación con el plano del disfrute personal a través de los hijos, los hobbies o los amigos. La casa quinta representa a los amigos, los hijos, los amoríos, lo creativo y enfrente, en la decimoprimera se halla todo nuestro aspecto social y en relación con grupos o asociaciones, redes sociales, etc.

- **Sexto eje:** Este es el eje de la salud y el trabajo, la casa sexta nos relaciona con nuestra salud y nuestro trabajo y el otro punto del eje, la casa la doce, nos describe como hemos de transcender el sufrimiento y el dolor en la vida.

Las doce casas y sus runas

I. **La casa primera** representa el aspecto físico del individuo, la imagen que proyecta y la infancia. La runa asociada a ella es **Uruz**.

II. **La casa segunda** nos habla de los recursos con los que ha nacido. La runa asociada a ella es **Othalaz**.

III. **La casa tercera** es la capacidad de comunicación, la relación con los hermanos y la educación de la persona en cuestión. La runa asociada a ella es Ansud.

IV. **El casa cuarta** nos habla del tipo de familia en la que nos hemos criado. La runa asociada a ella es **Beorg**.

V. **La casa quinta** implica cómo disfrutamos en la vida y nuestra relación con los hijos y todo lo creativo en el individuo. La runa asociada a ella es **Kenaz**.

VI. **La casa sexta** describe la salud, el tipo de trabajo y las actitudes de la persona. La runa asociada a ella es **Fehu**.

VII. **La casa séptima** gobierna el mundo de las relaciones, sobre todo las de pareja y las de los socios. Las runas asociadas a ella son **Ingwaz** y **Gifu**.

VIII. **La casa octava** describe la sexualidad del individuo y los dones psíquicos, los procesos de regeneración y cómo percibe la muerte. Aquí aparecen las herencias, los legados y las inversiones. La runa asociada a ella es **Dagaz**.

IX. **El casa novena** describe los ideales y la filosofía personal con que trazamos la vida. Las runas asociadas a ella son **Ehwaz** y **Raido**.

X. **En la casa décima** aparece la vocación y el prestigio social de la persona. Las runas asociadas a ella son **Mannaz** y **Nied**.

XI. **La decimoprimera casa** nos describe cómo nos relacionamos en comunidad y el tipo de amistades que elegimos. Las runas asociadas a ella son **Kenaz** y **Ansud**.

XII. **La decimosegunda casa** representa la parte más íntima y personal de nosotros mismos, nuestra soledad y la capacidad de comprensión y compasión hacia el prójimo. Las runas asociadas a ella son **Hagall** y **Perdhro**.

LOS CUATRO ELEMENTOS

Esta es una división astrológica donde dividimos en cuatro grupos los signos del zodiaco que comparten similares características energéticas.

- El elemento **fuego** gobierna a Aries, Leo y Sagitario, y en él impera la impulsividad, la pasión y el riesgo.
- El elemento **tierra** rige a Tauro, Virgo y Capricornio, y representa la materia, lo físico, la estructura.
- El elemento **aire** está conformado por los signos de Géminis, Libra y Acuario. Este elemento rige lo mental, el mundo de las ideas y todo lo asociado con la comunicación.
- El elemento **agua** representa las emociones y los afectos. Está constituido por los signos de Cáncer, Escorpio y Piscis. Estos signos se caracterizan por la empatía y el alto grado de sensibilidad.

LAS MODALIDADES
ASTROLÓGICAS

Estas modalidades describen la resultante de asociar en tres grandes grupos, determinadas características astrológicas compartidas.

Las modalidades de los signos zodiacales

Cardinales: coinciden con el comienzo de las estaciones y representan la iniciativa, la dirección, el liderazgo y el coraje de lo nuevo. Los signos cardinales son: **Aries, Cáncer, Libra y Capricornio.**

Fijos: representan actitudes conservadoras y rígidas y se caracterizan por la perseverancia, la constancia y la adaptabilidad. Los signos fijos son: **Tauro, Leo, Escorpio y Acuario.**

Mutables: se caracterizan por la flexibilidad y la capacidad de mutación. Son los que mejor se adaptan a los cambios. Los signos mutables son: **Géminis, Virgo, Sagitario y Piscis.**

LOS DOCE SIGNOS DEL ZODIACO
Y SUS RUNAS

♈	**Aries:** signo **cardinal de fuego** que representa los comienzos, iniciativa, valor y decisión. La runa asociada a él es **Uruz**.
♉	**Tauro:** signo **fijo de tierra** que representa la estructura, el trabajo y la estabilidad. La runa asociada a él es **Othalaz**.
♊	**Géminis:** signo **mutable de aire** que representa la versatilidad, la negociación y la dispersión. La runa asociada a él es **Ansud.**
♋	**Cáncer:** signo **cardinal de agua** que representa la protección, la responsabilidad y el sentido familiar. La runa asociada a él es **Beorg**.
♌	**Leo:** signo **fijo de fuego** que representa autocontrol, distinción y generosidad. La runa asociada a él es **Siegel.**
♍	**Virgo:** signo **mutable de tierra** que representa el análisis, la investigación y el método. La runa asociada a él es **Isa.**
♎	**Libra:** signo **cardinal de aire** que representa el compañerismo, la ambivalencia y la belleza. La runa asociada a él es **Thurisaz.**
♏	**Escorpio:** signo **fijo de agua** que representa la intensidad, la pasión y la sexualidad. La runa asociada a él es **Eihwaz.**
♐	**Sagitario:** signo **mutable de fuego** que representa los ideales, la libertad y los viajes. La runa asociada a él es **Tir.**
♑	**Capricornio:** signo **cardinal de tierra** que representa dirección y control, así como responsabilidad. La runa asociada a él es **Fehu.**
♒	**Acuario:** signo **fijo de aire** que representa sociabilidad y adaptabilidad. La runa asociada a él es **Gifu.**
♓	**Piscis:** signo **mutable de agua** que representa compasión y empatía emocional. La runa asociada a él es **Perdhro.**

Los planetas

El Sol ☉

Las runas que asociamos con el Sol son **Wunjo, Eolh** y **Sigel**.

Su signo regente es Leo y su posición geográfica es el centro, que corresponde al amarillo y al rojo. Si para nosotros el amarillo es un color impactante y el rojo un color de fuerza y pasión, estaremos de acuerdo de que en esta tonalidad reside el carisma y el gobierno de la mente. Su naturaleza es yang, es decir, masculina.

En la carta astral, o carta natal, el lugar donde está situado el Sol corresponde al signo solar de nacimiento. Si he nacido el 21 de diciembre, por ejemplo, seré Sagitario en su último grado, es decir, el Sol, cuando yo nací, se encontraba a 29 grados, a punto de entrar en Capricornio.

Según mi apreciación personal, cuando un Sol está ya cerca de otro signo, éste empieza a tener comportamientos y experiencias que sintonizan más con las del signo siguiente que con las del propio signo.

Conforme un Sol se acerca a un signo concreto, su radiación energética empieza a teñir el tinte energético del planeta al que se está aproximando o la casa astrológica que ocupe.

El Sol muestra nuestra capacidad para brillar, esclarecer y poblar de luz todas las áreas de la vida. Representa también la energía vital y la toma de consciencia, dando luz y sentido a nuestras vidas.

El Sol representa la capacidad de ser reyes del mundo al iluminar el entorno, haciéndolo nuestro e integrándolo en un efecto espejo, proyectándonos en el resto de tonos que existen y expandiendo los horizontes del yo mismo en otros soles. Lo más cercano al yo es la percepción del otro en su propio yo, es decir, la capacidad de entender y razonar quiénes somos, asimilando que somos puras proyecciones cuánticas.

Los planetas interiores reciben frecuencias cromáticas del amarillo y el rojo, ya que son los más cercanos al Sol, y los planetas exteriores, al ser gaseosos, tienen unas frecuencias azuladas y frías. El Sol armoniza con el chakra del corazón, emitiendo púlsares que penetran en el epicentro del individuo trasmutando la energía del amor, es decir, la energía que describe la unidad con el todo.

Sus números son el 1 y el 5.

Su metal es el oro puro, y las gemas que vibran con su frecuencia son los topacios dorados, el ojo de tigre y el ámbar.

Rige a Leo, y su correspondencia en el cuerpo es el corazón y la columna.

Mercurio ☿

Las runas asociadas a Mercurio son **Ansud** y **Raido**.

Mercurio es más pequeño que la Tierra y rige los signos de Géminis y Virgo.

En Mercurio todo hierve, y allí es donde se forja la materia con que están hechos los pensamientos.

De hecho, representa el pensamiento en estado puro, de ahí que la imagen romana de Mercurio sea un tipejo con alas en la cabeza, muy cerca de la sien, lugar donde se generan las ideas, los conceptos y pensamientos. Las alas representan la capacidad de volar más allá del cuerpo físico y pertenecen al elemento aire que rige el campo mental.

Mercurio representa el pensamiento instantáneo, y Júpiter las ideas más elaboradas desde la toma de conciencia.

Las energías mercurianas gobiernan la mente inferior, no porque ésta sea menor o pese menos, sino porque procesa las frecuencias instantáneamente sin elaborar demasiado.

Es un planeta rápido que emite púlsares con frecuencias cortas y muy intensas. Son los 25.000 pensamientos al día que se calcula que impactan contra nosotros, lo que crea una tensión nerviosa. Menos mal que están las emociones; de hecho, sólo procesamos lo que hace activar el mundo sensitivo en la persona, si no, nos desbordaríamos de información y enloqueceríamos.

Mercurio se encuentra en la fachada del sexto chakra, el del tercer ojo, y su energía ha de ser transmutada por el poderoso Júpiter, que refleja la sublimación astral de los pensamientos en un plano espiritual formando un eje, el eje de la mente. Mercurio, a su vez, representa la capacidad de comunicación del individuo. Sus descargas electromagnéticas son de frecuencia corta y muy intensas, y gobiernan el sistema nervioso.

La danza es el movimiento más sublime del individuo. Es un ejemplo de la energía mercuriana.

Se asocia con la casa y el número tres.

El metal de Mercurio es el mercurio.

Mercurio rige a Géminis y Virgo. En concreto, la parte del cuerpo asociada son los hombros y las manos.

Venus ♀

Las runas de Venus son **Ingwaz, Gifu** y **Eolh**.

Venus representa el concepto de lo hermoso y placentero, porque sus tonos pastel otorgan frecuencias cromáticas compuestas por el color rosa. La energía de Venus es muy apaciguadora.

El color rosa sugiere calma y tranquilidad. Está relacionado con prácticamente todo lo femenino y sutil.

Venus es el lucero del alma, representado desde nuestro horizonte celeste, el concepto de lo hermoso. Está relacionado con las artes, la armonía en todo lo bello, y, por tradición, el amor. Al acercarnos más a Venus descubrimos que hay tormentas que lo destruyen todo en el planeta, relámpagos y truenos en un mundo constituido de vapor de azufre, inhabitable, completamente inhabitable sin el resto de energías. El lugar donde se sitúa esta energía tan placentera y armoniosa de Venus indica el área donde nos encontraremos más a gusto en la vida y donde nuestras frecuencias vibran con mayor armonía, siempre en correlación con el resto de energías, por supuesto. Venus de la mañana rige al signo de Tauro, mientras que el Venus que contemplamos justo tras la caída del Sol regirá a los nativos de Libra.

Las gemas que ayudarán a alcanzar armonía en el individuo serán las de los tonos pastel y rosa, como los cuarzos de este mismo tono y las rodocrositas, que son ideales para espíritus que gozan de poca paz en su lucha por encontrar su propio equilibrio interno.

El chakra que Venus activa con su campo magnético es el del corazón o cuarto chakra.

Sus números son el 2 y el 7.

Su metal es el cobre, y las gemas que vibran con su frecuencia son los cuarzos rosa.

Rige a Tauro y Libra. Su correspondencia con las partes del cuerpo son: Tauro, el cuello del individuo, y Libra, los riñones.

La tierra

Las runas que asociamos a nuestro planeta son **Fehu, Beorg, Mannaz** y **Othalaz**.

A continuación, tenemos al planeta azul, con sus tonos marrones, verdes, azules y blancos. La gama de marrones y verdes nos ponen en contacto con la naturaleza de la vida y la toma de conciencia con el mundo de las ideas que han cristalizado físicamente.

Según la medicina tradicional china, la energía celeste que corresponde al centro mutante de la Tierra es la humedad, su alimento es el dulce, su cereal es el centeno y su carne es la de vaca.

Representa la capacidad de reflexión y su estación es el verano. El bazo y el estómago están asociados a este punto geográfico.

En el norte gobernará el frío, y su color será el negro. Su sabor es el salado. Esta misma situación geográfica se expresará con la responsabilidad, muy asociada también a Saturno. El riñón y la vejiga son sus órganos regentes.

El este terrestre representará el viento, y sus colores son el verde y el azul. Su estación es la primavera y se expresa a través de la decisión. El ácido y el amargo son sus sabores. En esta posición se hallan el hígado y el bazo.

En el sur geográfico terrestre gobierna el calor bajo las frecuencias del rojo. Se expresa a través de la alegría y su sabor es el amargo. En el sur, el corazón y el intestino delgado encuentran su mayor expresión.

Geográficamente, al oeste se le atribuye la sequedad asociada al color blanco. Se expresa a través de los recuerdos y su estación es el otoño.

El sabor picante gobierna esta orientación. Biológicamente, los pulmones y el intestino grueso adquieren predominancia en esta posición.

La luna ☾

Las runas asociadas a la Luna son **Lagaz, Beorg** y **Perdhro**.

Representa el mundo de las sensaciones, a las mujeres en general, así como la infancia, los sueños, los recuerdos y la fantasía. Sus energías se mueven dentro del elemento agua, que aglutina cerca del 70 % de nuestro cuerpo.

La Luna está asociada al color blanco y gris ceniza muy claro.

El número 2 es el dígito que mejor define la necesidad de fusión a la hora de ser creativo y fecundo, como es la Luna.

Sin la Luna no habríamos desarrollado la fantasía. Las cuarenta mil generaciones de hombres y mujeres que hemos pasado por la Tierra hemos contemplado siempre en el cielo la Luna, dando lugar a lo imaginativo.

Es un satélite que sólo refleja la luz del Sol y no nos muestra su otra cara si la observamos desde la Tierra; por eso se dice de ella que es engañosa o inconsciente. Implica toda la información oculta en la memoria.

Nuestro único satélite rige a los nativos de signo de Cáncer, expertos en los continuos cambios anímicos y comprensivos consejeros. La parte del cuerpo que se asocia a este signo de agua es el estómago.

La posición en la que la Luna está en la carta astral indica cómo percibimos las sensaciones del mundo y reflejamos todos los traumas inconscientes que albergamos en las zonas más profundas del cerebro. Por ejemplo, si la Luna cae en la casa segunda, dará un carácter robusto y testarudo, y los altibajos económicos provocarán desajustes emocionales si no cuida su sistema de valores interno.

Sus gemas son la adularia, o piedra luna, y los cuarzos blancos, las perlas, la cornalina blanca y algunos ópalos lechosos.

Personalmente, asocio la Luna al tercer chakra, el plexo solar, por donde fluyen y se elaboran las energías emocionales. Su color es el blanco lechoso.

Marte ♂

Las runas asociadas a este planeta son **Tir, Nied, Eihwaz** y **Fehu**.

Marte siempre se ha relacionado con el plano masculino de la persona.

Era el dios de los romanos, que se representaba con una espada de hierro.

Marte rige a los nativos del signo zodiacal de Aries, impulsivos y guerreros por naturaleza, y la zona que rige el cuerpo es la cabeza.

También representa la energía masculina y el sexo. Marte es la energía en estado puro y sin elaborar en exceso, por eso su torbellino energético es potente aunque poco constante, y hace mucho ruido para las pocas nueces que rompe.

El metal que lo gobierna es el hierro. Las energías de Marte han de ser complementadas con la reflexión y la paciencia.

El planeta Marte representa dónde va a haber más actividad y tensión en el individuo, dónde aparecerá más tarde el dolor o las crisis si no transmutamos esta energía.

En astromedicina, el punto donde Marte transita suele ser, por lo general, donde aparecen los achaques y las molestias físicas.

Representa la energía en estado puro y el temperamento.

El número que describe a Marte es el 1. Es yang y su color es el rojo intenso. Las gemas como el granate y los corales rojos de cierta intensidad hacen que la energía marciana active sus frecuencias prontas y secas. Es recomendable llevarlas en períodos de decaimiento y falta de energía, valor o ante la ausencia de iniciativas y motivaciones.

Está regido por el segundo chakra que alberga la energía sexual, que, por supuesto, ha de ser transmutada por la espiral de energía *kundalini* hacia planos superiores de conciencia tántrica, o, lo que es lo mismo, una conciencia global donde nos fundimos con el todo existencial.

El cinturón de asteroides

Representa todos los imprevistos, que, sin venir a cuento y sin causas aparentes, pretenden impactar en nuestras vidas obligándonos a esquivar miles de obstáculos, poniéndonos a prueba a la hora de aventurarnos en empresas de gran envergadura.

Júpiter ♃

Las runas de este gigante gaseoso son **Thurisaz, Kenaz** y **Wunjo**.

El mayor de los planetas de nuestro sistema es una inmensa bola gaseosa, y su superficie alberga tormentas de un millón de años, donde se fusionan todos los ideales que proyectamos desde el séptimo chakra, el de la corona, que nos conecta con la totalidad.

Júpiter despierta en el ser humano el espíritu de la conquista y de lo desconocido.

Representa la extroversión, los retos y la superación, la espiritualidad y la búsqueda de metas en la vida.

Las frecuencias electromagnéticas emitidas por este gigante gaseoso son muy reposadas y constantes, activan las partes de la mente más elaboradas del individuo y abren campos importantes dentro de la conciencia. Este planeta tiene un campo magnético inmenso que llega hasta el mismo planeta Saturno; de ahí deducimos que esta energía amplifica todo lo que toca.

Según la antigua medicina tradicional china, los planetas gaseosos representan los canales extraordinarios o canales maravillosos.

Sus números son el 9 y el 7.

Es un planeta yin, creativo y negativo, que representa la expansión a todos los niveles. También es el planeta que rige al signo de Sagitario, y gobierna en el cuerpo humano los glúteos y las pantorrillas.

Las gemas que armonizan con sus frecuencias azuladas son las turquesas y las amatistas, que con sus frecuencias cromáticas activan los campos de conciencia y espiritualidad en el individuo. Desde la antigüedad, lo han denominado el Benéfico.

Sus colores son el azul celeste y el morado.

Está asociado con la casa astrológica novena, que abarca la filosofía del individuo, así como el sentido de la justicia. Describe lo sublime, lo eterno, lo espiritual y lo filosófico en el individuo. Se le otorga suerte y prosperidad, gracias a que sus energías amplifican y expanden todo a través de nuestros pequeños universos. Representa al explorador que todos llevamos dentro y no le gustan las limitaciones.

Saturno ♄

Las runas asociadas a Saturno son **Niez, Eihwaz, Isa** y **Fehu**.

Por lo general, suele representar nuestro sentido de la responsabilidad y de la disciplina en una carta astral.

Es el planeta «que más cuesta arriba» se hace del zodiaco, ya que siempre dice lo que hay que hacer. También representa los horarios, todo tiene su tiempo.

Es el gran maestro del tiempo y sus ciclos, y, por consiguiente, conlleva experiencia. Sus anillos representan el compromiso.

Sus cristales son de hielo. Saturno pone los límites de todo lo que conocemos y es el que devora nuestro cuerpo haciéndonos mortales en lo físico, y recuerda que el envoltorio del alma tiene fecha de caducidad.

Saturno se asocia con el signo de Capricornio, que pertenece al elemento Tierra.

La parte que se asocia con este signo zodiacal en el cuerpo humano son las rodillas y los huesos.

El quinto chakra, o de la garganta, se conecta con los recursos que tenemos a nuestro alcance.

Este chakra es el filtro para ascender a los chakras superiores y lo asociamos a Saturno. El individuo realmente surge cuando derriba las barreras cristalizando las utopías.

Los ciclos de Saturno son de 28 años.

Recordemos que un ciclo solar es el tiempo que tarda Saturno o cualquier otro planeta en dar la vuelta alrededor del Sol.

Si dividimos 28 años en cuatro partes, obtenemos 7. Esta primera cuadratura de Saturno se produce a los siete años, que es cuando empezamos con la segunda etapa infantil.

A los 14 años, Saturno se coloca justo enfrente, en el firmamento de nuestro Saturno natal, es decir, donde estaba en el momento mismo en que nacimos. Al estar en oposición (uno enfrente del otro), se crea una tensión y se nos exige que tomemos responsabilidades y pensemos en el futuro, en el instituto o en el trabajo. A los 21 años, se supone que ya tenemos que saber manejarnos un poco por la vida, y surge una crisis tan grande como la queramos hacer. A los 28 años, el planeta vuelve a encontrarse con él mismo, pero con la experiencia de un ciclo alrededor de nuestro maravilloso universo. Es el momento dar forma a la experiencia de lo vivido, nos hacemos hombres.

Saturno permanece durante dos años y medio en cada signo.

Para ello, es interesante mirar al cielo, ya que nos ayuda a entender nuestros planetas, es decir, con qué energías contamos y cómo utilizarlas de la mejor forma posible, ya que no existe un destino, sino un camino por recorrer.

Tras arduos esfuerzos por comprender a Saturno, finalmente he descubierto que sólo te puedes comunicar con él a través de la experiencia.

Cuando asumes que representa la efímera existencia a través del tiempo, descubres que las más duras lecciones de la vida son las que nos han hecho sobrevivir de alguna manera y lo mejor que hemos podido hasta el día de hoy.

Descubrir que eres lo que eres gracias a él, y que hay que amarlo y respetarlo como al que más, siempre es un pequeño paso en la evolución personal, para encontrar el sentido de nuestras vidas. Sólo valoramos, por desgracia, aquello que nos ha supuesto un trabajo y un sacrificio. El ser humano sólo muta bajo presiones o porque no tiene otro remedio.

Saturno se podría definir como un ángel disfrazado de demonio con una máscara del tiempo.

Urano ♅

Las runas asociadas a Urano son **Dagaz, Mannaz, Jera** y **Raido**.

Mientras los ejes del resto de los planetas giran en vertical, éste rota en horizontal. Representa el cambio y la novedad, así como la independencia y la originalidad.

Esta energía está asociada con la nueva era y rige a los nativos de Acuario.

Es un planeta gaseoso, muy mental, el vapor es menos pesado que el líquido y el líquido es la sublimación de lo emocional que se digiere a través de los pensamientos (el mental), hacia la conciencia, y ésta es la alquimia que hay que seguir con los planetas.

El planeta Urano, en su recorrido por la eclíptica, ha regresado tras 27.000 años para dar la vuelta a todo.

Hemos entrado ya en Acuario. En movimientos intergalácticos, los traspasos energéticos de una era a otra son oscilantes.

Las eras astrológicas se dan por la precesión de los equinoccios. Cada 2.177 años, el eje de la eclíptica con relación al centro de la galaxia gira un grado, y a este cambio se le asigna un gran horóscopo galáctico. Por la época de Jesucristo, más o menos, el eje de la eclíptica terminaba en Aries y se introducía en los albores de Piscis, donde ha estado otros 2.000 años.

Piscis (del año 0 al 2000), hasta hoy en día, representa lo oscuro y lo oculto, la caverna, el sufrimiento que origina la inconsciencia, la penitencia, la compasión, lo místico y sus creencias, lo fantástico e ilusorio y el falso concepto de culpa que han utilizado las religiones para someter al hombre y que unos pocos pudieran obtener poder.

Antes de la era de Piscis, en Aries (-2000 al año 0), todo el universo giraba en torno a la guerra, la gran era de los bárbaros.

Antes, hace 4.000 años, aparecieron los grandes matriarcados y se comenzó a fertilizar la Tierra en la era de Tauro (-4000 a -2000), donde todo era sostenido por la agricultura y la ganadería.

Hay que recordar que las eras giran en sentido contrario al zodíaco, ya que la galaxia gira en sentido invertido a la eclíptica. A todo esto se lo denomina mecánica celeste, y sirve para saber por dónde vamos y hacia dónde nos dirigimos energéticamente.

La era de Géminis nos lleva a la época de los grandes descubrimientos de la humanidad. Géminis (-6000 a -4000) indica el comienzo de los primeros grandes asentamientos humanos y la aparición de las primeras ciudades, como Babilonia, en el golfo Pérsico, así como los jeroglíficos, los primeros alfabetos y la escritura cuneiforme.

La era de Cáncer (-6000 a -8000) estableció un mundo regido por la fertilidad, donde las mujeres representaban el poder absoluto en los grupos y pequeñas comunidades, y donde apareció un mundo nuevo en el que el número de individuos era esencial para la supervivencia del clan.

El chakra que rige a Urano es el sexto, o chakra del tercer ojo, ya que la mente es la que hace crear o derribar las barreras de las limitaciones.

El color es el azul aguamarina, un color frío y calculador, situado en el lado contrario al rojo en la escala cromática.

Los números 1 y 7 armonizan muy bien con Urano.

Las palabras que definirían su energía sería la novedad y el cambio.

Urano rige a los Acuario, y la zona de este planeta que se corresponde con el cuerpo humano son los tobillos y la circulación de la sangre.

Neptuno ♆

Las runas de Neptuno son **Perdhro** y **Lagaz**.

Según las leyendas mitológicas, representa al rey de las profundidades marinas, es decir, la mente inconsciente y el reino de las sensaciones que procesa el inconsciente.

Sus energías mueven la fantasía, creando mundos utópicos donde representamos el paisaje de nuestros sueños, miedos o traumas.

Neptuno simboliza esa puerta donde la niebla no deja ver claramente lo que hay unos metros más allá, donde la imaginación, que es la fuente de lo creativo, capta las señales de otras puertas sensoriales o dimensionales por donde accedemos a la percepción humana y la intuición.

Rige el signo de Piscis y la zona que gobierna en el cuerpo son los pies.

Vibra con las frecuencias de los números 5 y 8, ya que son números muy creativos, transformadores e intuitivos.

El chakra sexto y el séptimo, o chakras superiores, se manifiestan con total fluidez desde los aspectos armónicos de Neptuno.

Es el punto de partida desde donde las palabras se tornan en frecuencias y sensaciones del inconsciente.

Plutón ♇

Las runas asociadas a Plutón son **Dazaz, Othalaz, Jera** y **Hagall**.

Es el guardián de nuestro averno, la puerta hacia lo desconocido y fantasmal, nuestras pesadillas y nuestra zona más oscura en el interior de la caverna donde hemos de llevar la luz. Asimismo, oculta los instintos más primitivos y las pasiones.

Asociado con el primer chakra, representa todo aquello que se derrumba ante nuestros ojos. El número que lo describe y la frecuencia con la que vibra es el 8, número de transformación y muerte, tanto física como simbólica.

La alquimia del 8 es la transición del todo a la nada, todo lo transmutable. Plutón es el punto donde todo se transforma, la zona donde la conciencia integra el ciclo de la vida y la transforma en eternidad.

Plutón también representa la fuerza destructora de las guerras y la desaparición física. Suele ser el rayo de luz en la oscura tormenta, que ilumina el inconsciente tras la conquista de la sombra.

Plutón, en su recorrido de 247 años alrededor de la elíptica o banda zodiacal, ha entrado en un signo de tierra, en Capricornio, lo que, astrológicamente, nos sitúa en una situación delicada ante el sistema de valores materiales y espirituales de nuestra sociedad.

Tras Plutón se encuentra el resto del frío cosmos hasta el próximo sol, Sirio.

La zona donde Plutón se sitúa en una carta astral es aquella que marcará los procesos evolutivos más importantes en la persona. Sus grandes transformaciones se ven aquí.

Después de Plutón está el resto de la galaxia, con Sirio, el sol más cercano, seguido de Alfa Centauro. Más allá, se halla el grupo local, que está constituido por veinte galaxias más o menos, y, a continuación, ya está todo está muy alejado.

ASPECTOS BÁSICOS
QUE FORMAN LOS PLANETAS
EN UNA CARTA ASTRAL

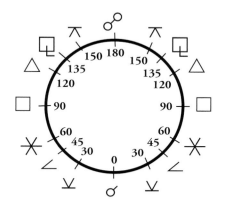

Los símbolos de los aspectos astrológicos

☌ = conjunción

⚹ = sextil

△ = trígono

□ = cuadratura

☍ = oposición

Conjunción

Una conjunción se forma cuando las energías de dos o más planetas se encuentran conjuntas, es decir, a muy poca distancia una de otra y con un orbe de separación no superior a 6º. Este aspecto producido por las energías de planetas vecinos, se manifiesta como un apoyo, una síntesis de estas dos energías formando una sola y en una misma dirección, por ejemplo, Venus en conjunción con el Sol, se manifestaría con una gran capacidad de amar y gran magnetismo sensual, dando personas muy bellas y dulces.

Trígono

Se trata de aspectos de 180º entre los planetas. Indican armonía y creatividad, se puede considerar un aspecto facilitador.

Por ejemplo, la Luna en trígono con Mercurio, da personas que saben manifestar y comunicar de manera natural la creatividad y canalizar sus emociones a través de la poesía, el arte o la escritura.

Cuadratura

Un planeta está en cuadratura cuando dos o más planetas se encuentran a 90º. Se manifiesta en forma de tensión, que requiere un trabajo especial y más constante entre las energías. Las cuadraturas dependen en gran medida de uno mismo, del enfoque que se da a los objetivos y de la responsabilidad que se pone en ello.

Por ejemplo, Saturno en cuadratura con Marte suele dar lugar a personas conflictivas con cierto grado de represión que muchas veces acaba en enfermedades óseas.

Oposición

Las oposiciones son aspectos muy tensos que nos indican aquello que nos enfrenta y que por lo general procede de algo externo, que no nos pertenece de manera directa y con lo que debemos de lidiar. Estas energías externas que nos llegan del mundo se suelen manifestar con dureza, reflejando lo opuesto a lo que podríamos desear creando bloqueos con bastante frecuencia.

Por ejemplo, Urano en oposición a Plutón se manifiesta claramente en el caso de las represiones de tipo político en dictaduras, como la que en la actualidad existe en Venezuela, donde se priva la libertad uraniana con violencia extrema del abuso de poder que representa Plutón.

Sextil

El sextil aparece cuando dos energías planetarias aparecen separadas por un orbe de 60º, manifestándose armonioso y creativo.

Existen otros aspectos menores, como son el quincucio 150º, el semisextil 30º o la semicuadratura 45º, el quintil y el biquintil, todos ellos divisiones del círculo de 365º que configura un círculo.

LA CARTA DHÁRMICA

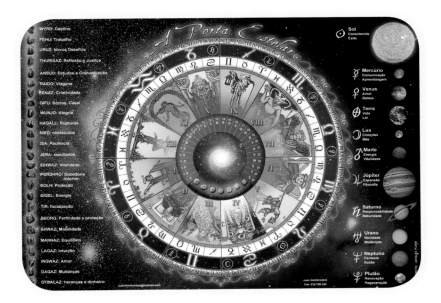

Es la resultante de cómo el individuo ha asimilado y vivido su pasado sideral, que representa el estado evolutivo del alma y lo ha integrado en su carta astrológica tropical con un propósito futuro.

Al horóscopo de nuestro día de nacimiento le denominamos la carta Tropical y a la corrección de este mismo en datos siderales, los astrólogos le llamamos mapa astrológico, este representa el estado evolutivo del alma y se basa en la posición de determinadas las estrellas fijas del firmamento.

Sobre este mapa de energías progresadas, hemos de preguntar a las runas el consejo de cada nueva posición planetaria y sus aspectos.

En nuestro concepto astrológico del tiempo, existe un pasado, un presente y un porvenir. Astrológicamente, recurrimos a la carta del pasado, o mapa sideral hindú, que tiene una estrecha relación con el proceso evolutivo del alma, el bagaje evolutivo a través del tiempo para llegar al aquí y al ahora que representa la carta tropical.

El zodiaco tropical sitúa el punto de inicio (0° Aries) en el equinoccio vernal, el cual, debido a la precesión de los equinoccios, se va desplazando 1° cada 72 años respecto al fondo de estrellas.

En la actualidad, la diferencia es de aproximadamente unos 24° según el cálculo de la Ayanansha Indú, y cada año aumenta 50,2 segundos de arco (1° cada 72 años), esos mismos 24° progresados hacia el futuro en la carta tropical, dan como resultado el proceso evolutivo de nuestra alma en un mapa Dhármico.

	CARTA SIDERAL	CARTA TROPICAL	CARTA DHÁRMICA
☉	Sol sideral a 5° Sagitario	Sol tropical 29° Sagitario	Sol Dhármico 23° Capricornio
☿	Mercurio sideral a 20° Escorpio	Mercurio tropical 14° Sagitario	Mercurio Dhármico 8° Capricornio.
♀	Venus sideral 16° Sagitario	Venus tropical 9° Capricórnio	Venus Dhármico 3° Acuario
☾	Luna sideral 22° Piscis	Luna tropical 16° Aries	Luna Dhármico 10° Tauro
♂	Marte sideral 15° Virgo	Marte tropical 9° Libra	Marte Dhármico 3° Escorpio
♃	Júpiter sideral 9° Cáncer	Júpiter tropical 3° Leo	Júpiter Dhármico 25° Leo
♄	Saturno sideral a 0° Piscis	Saturno tropical 23° Piscis	Saturno Dhármico 17° Aries
♅	Urano sideral 1° Virgo	Urano Tropical 25° Virgo	Urano Dhármico 18° Libra
♆	Neptuno sideral 0° Escorpio	Neptuno tropical 23° Escorpio	Neptuno Dhármico 17° Sagitario
♇	Plutón sideral 27° Leo	Plutón tropical 20° Virgo	Plutón Dhármico 13° Libra
⚷	Quirón 28° Acuario	Quirón tropical 21° Piscis	Quirón Dhármico 26° Aries (la orbita es de 36 aprox.)
MC	Sideral 24° Escorpio	MC tropical 17° Sagitario	MC Dhármico 11° Capricornio
ASC	14° Acuario	ACD tropical 9° Piscis	ASC Dhármico 8° Aries.

La magia de los números

Cálculo del número de vida

Cada año, nuestro universo personal se tiñe de una energía numerológica que tendremos que desarrollar a través de un número concreto. En estos ciclos numerológicos anuales, obtenidos con la suma de los dígitos del día, mes y año de nacimiento, tendremos las claves para vivir con éxito y sacar el máximo a nuestras vidas, ya que a través de la numerología podemos centrarnos en aquello que más necesitamos potenciar.

Para calcular nuestro número de vida, el dígito que va a representar a lo largo de la vida nuestro carácter en líneas generales, hemos de sumar todos los dígitos de nuestra fecha de nacimiento y reducirlos a un solo.
Ejemplo: $21+12+1966 = 3+3+4 = 10 = 1$

Predicción de los ciclos actuales o futuros

Para ello, hay que sumar $21+12+2017$, que fue mi último cumpleaños, reduzco y el resultado es 7: el ciclo que viviré está relacionado con las características del ciclo 7.

En los ciclos numerológicos se nos ofrece la posibilidad de visualizar el futuro y revisar ciclos numerológicos anteriores a través de la fecha de nacimiento.

Los números impares representan la parte creativa y las ideas, nuestro universo intuitivo y femenino; en cambio, los números pares son los que construyen y ejecutan los proyectos. Los números impares dan la idea, y los pares la ejecutan. Gracias a esto se establece un equilibrio cosmonumérico.

131

El 1

Sus runas son **Uruz**, **Sigel**, **Thir** y **Ehwaz**.

Se asocia a la individualidad, la iniciativa, la capacidad de liderazgo y la autosuficiencia. Sus características son la valentía y la decisión.

Representa el comienzo de un nuevo ciclo de nueve años.

En los ciclos 1, se nos da la oportunidad de comenzar una nueva etapa donde perfeccionar y mejorar todo desde lo personal y la independencia. Las cosas generalmente nos afectan dependiendo del nivel de conciencia con que las aceptemos; por ello, el número 1 nos enseña a responsabilizarnos de nuestras acciones.

El número 1, al relacionarse con el resto de los números, puede formar universos enteros llenos de riqueza e intensidad.

El año cíclico 1 será el eje central de todos los ciclos, representando un comienzo único que será importantísimo para el futuro de todo aquello que comienza en esta nueva etapa.

En los ciclos 1, se nos da la oportunidad de perfeccionar y mejorarlo todo; para ello es conveniente que tracemos un plan, una hoja de ruta sobre los objetivos que debemos seguir y cómo conseguirlos.

La gema apropiada para este ciclo es el granate, y su color es el rojo.

El 2

Sus runas son **Gifu**, **Beorg** e **Ingwaz**.

En un ciclo 2, hemos de ser conscientes de que todo lo que nos suceda será un mero reflejo de una parte de nosotros mismos.

Los ciclos del número 2 son ciclos en los que aparecen muy marcadas las relaciones de dependencia y la empatía con las personas, así como el tipo de valores con que contamos en la vida.

Los ciclos del 2 nos ponen a prueba en relación con los otros y hasta dónde estamos dispuestos a colaborar.

En estos ciclos hay que estar muy atentos a las señales del destino y ver nuestro efecto espejo en todo.

La gema que rige a este ciclo es el cuarzo rutilado y su color es el naranja.

El 3

Sus runas son **Ansud, Thurisaz** y **Lagaz**.

El 3 es creativo y abierto. Representa la comunicación, el aprendizaje, la lectura, los estudios en general y cualquier manifestación artística o didáctica.

En los ciclos del 3 se nos da la posibilidad de crecer y superarnos a través de la comunicación, la documentación y la expresión con los demás, así como de comenzar estudios, de escribir, de interesarse por aquello que siempre se quiso y de especializarse.

Las amistades se potencian y se crean lazos con hermanos, parientes cercanos o vecinos. También en este ciclo solemos sacar al niño que llevamos dentro. Sus gemas son el topacio amarillo y la amazonita. Su color es el verde.

El 4

Sus runas son **Fehu, Hagall, Nied** y **Mannaz**.

Es un número masculino que concreta y da estructura y forma a los pensamientos e ideas del número anterior.

Los ciclos 4 son años en los que hay que aprender a responsabilizarse y comprometerse con los proyectos. Éstos necesitan estructura y planificación, así como organización y posterior ejecución.

Su gema es el cuarzo verde, y su color, el verde.

El 5

Sus runas son **Wyrd, Kenaz, Wunjo, Eolh, Beorg, Ingwaz** y **Lagaz**.

Representa todo lo creativo. Es un número aventurero, creativo, dinámico, jovial y divertido. A este número le encanta relacionarse.

En un ciclo 5, podemos tener un hijo o irnos de vacaciones, disfrutar de aquello que más nos gusta y hacer deportes de aventura. También es un año en el que la persona tiende a relacionarse más y vive de una manera más natural sus relaciones íntimas.

Su gema es el aguamarina, y su color, el azul claro.

El 6

Sus runas son **Fehu, Thurisaz, Jera, Ansud** y **Nied**.

Es un número de responsabilidad y orden, de método y control.

En un ciclo 6, el individuo tiene que aprender a responsabilizarse de sus acciones y decisiones.

Es un año de rutina necesaria, de método, de análisis y de ajustes de salud. Es un año muy bueno para practicar algún deporte y cuidarse.

Su gema es la azurita, y su color, el azul claro.

El 7

Sus runas son **Perdhro, Wunjo, Raido, Wyrd, Ingwaz** y **Eolh**.

En astrología representa el eje de la pareja. Astrológicamente, la casa 1 representa el yo, y justo enfrente está la casa séptima que representa al otro, el espejo donde uno se proyecta.

Es el número que nos conecta con nuestra espiritualidad, con lo más sublime de la persona.

Representa la capacidad de ser creativo con el mundo a través de las acciones desinteresadas hacia los otros.

Es un número afortunado y está relacionado con nuestra parte mística.

En un ciclo 7, sentiremos la oportunidad de convertirnos en parte de cualquier cosa y ser creativos con ello, atrayendo suerte y protección del cosmos.

Su gema es la amatista, y su color, el morado.

El 8

Sus runas son **Hagall, Mannaz, Dagaz, Perdhro** y **Othalaz**.

Representa la capacidad de emprender grandes proyectos con pasión y coraje. Al número 8 se le asocian el dinero y las herencias, así como los procesos regenerativos y las transformaciones, las pérdidas físicas o la muerte.

También es un número muy psíquico e intuitivo.

Es el número de los grandes cambios y trasformaciones en la vida.

Los ciclos 8 son años para aprender a ser desapegados y a transmutar las energías en nosotros.

Su gema es el rubí, y sus colores, el rojo escarlata y el marrón.

El 9

Sus runas son **Tir, Nied** e **Isa**.

Representa el idealismo y las altas metas de la persona.

Ayuda a pasar página y a deshacerse de las cargas innecesarias. Los nueves son los que resumen todo y cierran páginas en la vida.

Este número tiene respuestas precisas sobre todo y tiende a estar documentado, ya que se supone que ha aprendido algo de las ocho partes anteriores del ciclo. Es el sabio de los números y ha realizado muchísimas sumas y restas en su larga vida.

En un ciclo 9, nos esperan el desapego y la valoración, la comprensión y la toma de conciencia para no cargar con lo innecesario durante más tiempo.

Su gema es el lapislázuli, y su color, el morado.

NÚMEROS MAESTROS

El número 11

Su runa es **Wyrd**.

Se le denomina el número maestro de la luz. Este número tiene el potencial de transmitir lo mejor de sí mismo a los demás.

Es un número de entrega a los otros.

Su metal es la plata, que transmuta las emociones, y su color el plateado.

El número 22

Su runa es **Eolh**.

Es el número de la maestría, y su metal es el oro, que representa la pureza. Su color es el dorado.

El 1 es parte complementaria a cualquier cosa que exista en el universo, que es el 0. El 1 y el 0 y la secuenciación de éstos constituyen todo el universo conocido.

El 1 es positivo masculino y el 0 negativo femenino.

Al alterar un solo dígito en la cifra, cambiamos el universo entero y, de alguna manera, todo cambia.

Como todos somos universos, al relacionarnos creamos nuevos universos constantemente.

Las matemáticas se crean en el universo, estamos hechos de fórmulas matemáticas, de pura física cuántica oculta en la estructura interna de los números.

El poder de las gemas

La alquimia de las gemas

El diamante siempre ha ejercido un poder fascinante y seductor sobre las personas que lo han poseído, cautivándolas con su hechizo de luz multicolor, lo que les otorga un poder material importante.

Ese trozo de carbón, sometido a miles de años de presión y reposo en el tiempo, ha conseguido transmutarse alquímica y metamórficamente en una gema de luz y esplendor, con un poder y una dureza sin igual, hasta el punto de que hoy es la reina de las joyas.

De la misma forma, los seres humanos algún día hemos de brillar como el diamante, al estar sometidos de igual manera a un proceso alquímico de presión y tiempo, claves del guerrero de luz que todos llevamos en nuestro interior, para conseguir la ansiada luz que nacerá en el interior mismo de cada uno de nosotros, en un principio tristes carbones, pero con un destino brillante, majestuoso y mágico.

Lo primero para comenzar a trabajar con cristales y gemas será tomar conciencia y entender que trabajamos con elementos vivos de la naturaleza, además de ser conscientes de que éstos nacen, evolucionan y se transforman como cualquier otro ser de la existencia física.

Las gemas están vivas, sólo que lo hacen desde unos parámetros de tiempo y con una resonancia vibracional en una magnitud de onda muy diferente a la de los seres humanos.

Esta magnitud de onda o frecuencia es la que nos permitirá ser conscientes de lo importante que es conectar con sus vibraciones y, por medio de ellas, fluir en el canal adecuado de la vida, desbloqueando y sanando nuestro cuerpo energético.

LIMPIEZA Y RITUALIZACIÓN DE LAS GEMAS Y LAS RUNAS

Cómo se cargan y limpian energéticamente

Para la limpieza de una gema o una runa, en primer lugar, tomamos un recipiente y lo llenamos con agua marina, o bien con agua lo más pura posible mezclada con sal marina.

Después, introducimos la gema o la runa dentro del tarro de agua con sal y la dejamos toda la noche en la terraza para que se cargue y limpie con la luna llena.

Al día siguiente, secamos la gema con un paño limpio de color blanco y dejamos que se cargue al sol, solo hasta mediodía, que es cuando el astro rey está creciendo en el horizonte y tiene más energía.

Cuando terminemos el ritual de limpieza de carga solar y lunar, es importante intentar llevar la gema muy cerca de nosotros para que ésta pueda actuar limpiando y desbloqueando nuestros canales obstruidos.

Recordemos, pues, que las cargas solares son yang, o masculinas, y que servirán para cargar las gemas de energía, vitalidad, fuerza y poder.

La carga lunar servirá para activar nuestra zona yin, o femenina, que se corresponde con el mundo de las emociones, el campo sensitivo y la vida social de la persona.

LAS GEMAS POR COLORES
Y SUS APLICACIONES ENERGÉTICAS

Las gemas rojas y granates o las gemas de Marte

Granates, rubíes, jacinto de Compostela, hematites y espinela, ópalos de fuego o corales actúan poderosamente sobre el cuerpo físico de la persona proporcionando vitalidad e impulso, así como decisión, coraje y pasión.

Del mismo modo que las gemas de la Luna y de Venus actúan sobre la naturaleza femenina de la persona, las gemas solares y de Marte lo harán sobre la masculina.

Estas gemas vienen muy bien cuando la persona se encuentra demasiado pasiva y relajada, así como cuando sus frecuencias energéticas y vitales son más bajas de lo deseado.

Son buenas para superar la apatía y la depresión, o en aquellos períodos en los que se nos exige un esfuerzo energético mayor de lo habitual.

Las gemas transparentes incoloras y azuladas, o piedras de Júpiter

Pertenecen a esta categoría las aguamarinas, la sodalita, el lapislázuli, el cristal de roca o las turquesas, así como el estaño o el cromo.

Estas gemas, de expansión ligera y aérea, estimulan todo lo relacionado con la libertad del espíritu, ayudando a no crearse demasiados compromisos que opriman al ser, proyectando con claridad y libertad de miras.

Son gemas que destacan por tener una energía que potencia la aventura y sed de conocimiento, así como los viajes y los retos que se hallan más allá de lo convencional.

Los signos de Sagitario y Acuario se asocian muy bien con su naturaleza.

Otra de las facultades que nos confieren las gemas de Júpiter es la toma de conciencia del individuo y su mundo. Fortalecen la fe y son portadoras de fortuna.

Las gemas oscuras, plomizas y negras, o gemas de Saturno

 La turmalina negra, el ónice, el azabache, la obsidiana o el coral negro son algunas de las piedras que nos pueden ayudar a marcarnos objetivos y permanecer en ellos con tesón y constancia, favoreciendo todos los procesos de resistencia con aplomo y dureza.

Ayudan a mantener fuertemente enraizado al individuo, y son muy protectoras contra energías sutiles como las envidias y los temores.

Incrementan la constancia y otorgan seguridad material o afectiva al portador, al mismo tiempo que facilitan los contactos con personas de poder y prestigio social. También fortalecen los huesos.

De esta manera tan sencilla pero práctica sabremos qué tipo de gema nos conviene en un momento determinado.

Si tenemos exceso de energía, tendremos que equilibrarla con otra más suave que nos compense. Es muy importante no portar una gema tan sólo porque las revistas te la hayan recomendado sin más criterio.

Hemos de dejar que nuestra intuición y sabiduría interior decida por nosotros, ya que ésta tendrá siempre más conocimiento.

CORRESPONDENCIAS ZODIACALES
CON LAS GEMAS

♈	**Aries**: turmalina roja, rubí, granate, diamante, amatista, aguamarina, ágata de fuego.
♉	**Tauro**: esmeralda, diamante, olivino, cristal de roca, cuarzo ahumado, cuarzo rosa.
♊	**Géminis**: turmalina multicolor, ágata, crisoprasa, ópalo, crisocola, aguamarina.
♋	**Cáncer**: piedra luna, aguamarina, perlas, ópalo blanco, ágata musgosa, berilo, ámbar.
♌	**Leo**: rubí, topacio, ojo de gato y de tigre, citrino, ágata de fuego, cornalina, turmalina amarilla.
♍	**Virgo**: cuarzo citrino, ágata gris y blanca, turmalina verde, diamante, ámbar, peridoto.
♎	**Libra**: turmalina sandía, zafiro, ópalo, aguamarina, jaspe rojo, esmeralda.
♏	**Escorpio**: ópalo de fuego, ojo de halcón, malaquita, topacio, rodocrosita.
♐	**Sagitario**: topacio azul, turmalina azul, amatista, turquesa, crisocola.
♑	**Capricornio**: olivino, diamante, azabache, ónice negro, cornalina, amatista, turmalina negra y verde.
♒	**Acuario**: aguamarina, cuarzo rutilado, amatista, fluorita, turmalina sandía, labradorita.
♓	**Piscis**: piedra de luna, aguamarina, cuarzo azul, jaspe multicolor, ágata azul, amatista.

LAS GEMAS UNA A UNA
Y SUS APLICACIONES ENERGÉTICAS

	Adularia o piedra luna: sus frecuencias activan la comprensión emocional. Es adecuada para la circulación de los fluidos.
	Ágata: sus frecuencias energéticas nos conectan con la tierra y lo material, otorgando seguridad y protección física. Llevarla durante el embarazo es muy adecuado, ya que proporciona calma y sosiego.
	Ágata musgosa: da confianza y otorga serenidad y vigor. En estados de debilidad y desequilibrios es muy conveniente llevarla.
	Amatista: potencia la espiritualidad y calma los excesos y el estrés; implica desapego. Evita el insomnio y las migrañas.
	Ámbar: devuelve las ganas de vivir al espíritu. Potencia el sistema inmunológico de la persona y es buena para combatir todas las afecciones de garganta y pulmones.
	Aventurina: estas gemas son ideales para el mal de amor y las decepciones emocionales en general. Sus energías actúan sobre el sistema nervioso.
	Azurita: facilita la concentración y conecta con el mundo de las ideas. Equilibra el sistema hormonal del organismo.
	Calcedonia: Potencia la facilidad de palabra y la tonificación de las cuerdas vocales. Es útil para vencer la timidez.

	Calcita: perfección y universalidad. Fortalece y protege los huesos.
	Cornalina: está vinculada con el elemento tierra. Fortalece el sentido práctico.
	Citrino: anima a ser creativo y poner en marcha nuevos proyectos. Ayuda a eliminar toxinas y calma los problemas digestivos.
	Crisocola: otorga paz y tranquilidad. También reduce el estrés y las situaciones de ansiedad. Ayuda en los partos y en las menstruaciones.
	Cristal de roca: recarga las energías de la persona y absorbe las energías que nos rodean. Proporciona energía a la vista cansada y las afecciones del intestino.
	Cuarzo ahumado: está ligada con el sentido de la vida. Es útil para las depresiones y el agotamiento. Expulsa las vibraciones negativas del cuerpo.
	Cuarzo rosado: otorga tranquilidad, espiritualidad y ternura, y también activa la sensibilidad. Protege y cura el corazón.
	Diamante: representa la pureza y la luz. Es eficaz en las epilepsias, la diabetes y la menopausia.
	Esmeralda: implica nobleza por lo puro, al mismo tiempo que rejuvenece y regenera. Corrige dolencias en la vista y protege contra las alergias en la piel.
	Fluorita: nos recuerda nuestra sabiduría interna equilibrándonos el consciente y el inconsciente. Es útil en las meditaciones. Activa el intelecto y equilibra los hemisferios del cerebro. Protege contra enfermedades mentales.

	Granate: implica constancia y deseos de mejora, así como superación en todos los niveles. Potencia la energía sexual y tonifica la circulación impidiendo anemias.
	Hematite: otorga prudencia, estimula el crecimiento celular y protege de las afecciones en la sangre.
	Jade: implica sencillez, claridad y justicia. Protege los riñones.
	Jaspe: supone sosiego y fuerza vital, y también inspira confianza. Ayuda a eliminar toxinas.
	Lapislázuli: implica sabiduría, verdad, paz y amistad. Tranquiliza y estimula la astucia. Disminuye la hinchazón e inflamaciones, así como las picaduras de los insectos.
	Malaquita: disuelve los bloqueos que nos impiden disfrutar de la vida y nos otorga armonía. Nos ayuda a eliminar las malas energías.
	Ojo de tigre: estimula la comunicación de ideas y sensaciones, otorgando confianza. Potencia las defensas y protege de los catarros protegiendo los pulmones.
	Ónice: alivia los procesos de melancolía y abatimiento, así como la reflexión y el buen juicio. Calma el dolor de estómago y las depresiones. Rompe los hábitos.
	Ópalo: supone armonía en los sentimientos y las emociones. Está indicado para la nostalgia y las ansiedades. Protege el corazón y contra las arritmias, así como contra las presiones o las angustias.
	Obsidiana: conecta con el pasado de la persona, limpiando la energía y restaurándola. Hace de escudo protector. Rompe los miedos del individuo penetrando en el subconsciente.

	Pirita: conecta con las energías superiores o de otros planos elevados. Es útil contra el agotamiento.
	Rubí: supone amor en todas las esferas. Potencia la creatividad, el placer, el valor y la fe. Favorece el riego sanguíneo y protege contra el dolor de cabeza.
	Sodalita: hace que el individuo esté con los pies en la tierra y que esté relajado. Potencia el sistema endocrino.
	Topacio: otorga optimismo y éxito, al mismo tiempo que armoniza los sentimientos. Elimina tensiones y bloqueos.
	Turmalina: trabaja sobre la mente, el cuerpo y el espíritu, armonizándolo. **Turmalina rosa:** implica amor, felicidad y optimismo. **Turmalina negra:** aporta disciplina y perseverancia, al mismo tiempo que protege de influencias negativas. **Turmalina verde:** revitaliza y rejuvenece, y es buena para la tensión. **Turmalina azul:** se emplea para los edemas en las piernas y manos, y es muy útil para combatir los vértigos.
	Turquesa: activa el conocimiento intuitivo, los facilita la comunicación de las ideas y los pensamientos. Funciona en las afecciones pulmonares y de garganta.
	Zafiro: confiere un espíritu positivo, y nos conecta con lo eterno y la totalidad. Fortalece la concentración en los estudios.

Los chakras

Estas puertas de origen védico y su correcto funcionamiento y equilibrio son la clave para que el individuo esté en armonía y equilibrio, y en sintonía consigo mismo y el universo que lo rodea.

Si uno de estos centros por donde discurre la energía está bloqueado o cerrado, crea tensiones, miedos, estrés o disfunciones emocionales.

Al crear bloqueos energéticos aparece el sufrimiento, malestar que dará origen, si no prestamos atención, a posibles molestias físicas o psíquicas que más adelante pueden somatizarse en posibles enfermedades.

Primer chakra: Muladhara, o chakra raíz
(situado en la base de la columna).

- De color rojo, se relaciona con los instintos básicos para la supervivencia del individuo y su seguridad.
- La tierra es su elemento, la seguridad.
- Su mantra o sonido es LAM.
- Sus gemas son la azurita, la obsidiana, la turmalina negra, la cornalina, el citrino y el cuarzo ahumado.

Segundo chakra: Suadhisthana
(situado en el sacro).

- De color naranja, se asocia con la energía sexual y la creatividad.
- Su elemento es el agua (lo afectivo).

- Su mantra o sonido es VAM.
- Sus gemas son el jaspe azul y rojo, el topacio y el citrino.

Tercer chakra: Manipura, o plexo solar
(bajo el esternón).

- Lo rige el color amarillo y confiere mente y control en lo emocional.
- Su elemento es el fuego (la pasión).
- Su mantra o sonido es RAM.
- Sus gemas son la malaquita, el ojo de tigre, la rodocrosita y el citrino.

Cuarto chakra: Anahata, o chakra del corazón.

- El verde es su color y nos activa el amor y la compasión.
- Su elemento es el aire (la comprensión).
- Su mantra o sonido es YAM.
- Sus gemas son el cuarzo rosa y verde, la venturina, la crisocola y la turmalina verde.

Quinto chakra: Vishuddha, o de la garganta.

- Su color es el azul, y rige la autoexpresión y todo tipo de comunicación. Representa el crecimiento y la manifestación del individuo.
- Su elemento es el éter, lo intemporal.
- Su mantra o sonido es HAM.
- Sus gemas son la amatista, la turquesa y el ámbar.

Sexto chakra: Agña, o tercer ojo.

- De color índigo o añil, alberga la intuición y las percepciones extrasensoriales de la persona. Aquí está la claridad mental o clarividencia.
- Su elemento es la luz (el entendimiento).
- Su sonido o mantra es OM.
- Sus gemas son la moldavita, el diamante Herkimer, la fluorita púrpura y el lapislázuli.

Séptimo chakra: Sahasura, o corona.

- Su color es el blanco, el color de la trascendencia y la conciencia superior que nos conecta con el todo. El espacio es su elemento, donde nos fundimos con el todo formando la unidad.
- Su elemento es el éter, es decir, la conexión cósmica.
- Su mantra o sonido es OM.
- Sus gemas son la selenita o la piedra luna, el cuarzo blanco, el jaspe púrpura, el zafiro púrpura, el citrino y la turmalina transparente.

Biografía

Juan Cambronero nació en La Mancha bajo el signo de Sagitario, el 21 de diciembre de 1966 a mediodía.

Las runas aparecieron en su vida cuando contaba catorce **años,** momento en que realizó su primer **oráculo rúnico en plata al inicio de su carrera como joyero**. Desde entonces, las runas y Juan siempre han viajado juntos.

Su formación comenzó en la milenaria ciudad de Córdoba. A partir de aquí amplió su conocimiento esotérico y astrológico gracias a sus innumerables viajes. Se ha formado en Barcelona, Madrid, Valencia, Castellón, Bilbao o Cuenca, en España, así como en otros países como México, Finlandia, Estados Unidos, Italia, Argentina, Cuba, Venezuela y Portugal. Asimismo, hay que destacar que comparte sus conocimientos impartiendo cursos y seminarios alrededor del mundo, y ha ido dando forma a un estilo y un método muy personal a la hora de entender y comunicar el significado mágico de los acontecimientos a través de sus cursos y seminarios de runas, astrología y tarot.

Con una visión moderna, cuántica y holística, Juan desarrolla un método donde nada se separa de nada y todo tiene el efecto de la ley de infinitas posibilidades dirigidas desde la toma de conciencia sobre aquello que nos rodea.

Director de la firma www.joyasmagicas.es y creador de **la pulsera astrológica**, combina el diseño de joyas esotéricas personalizadas con la faceta de formador de runas y astrología.

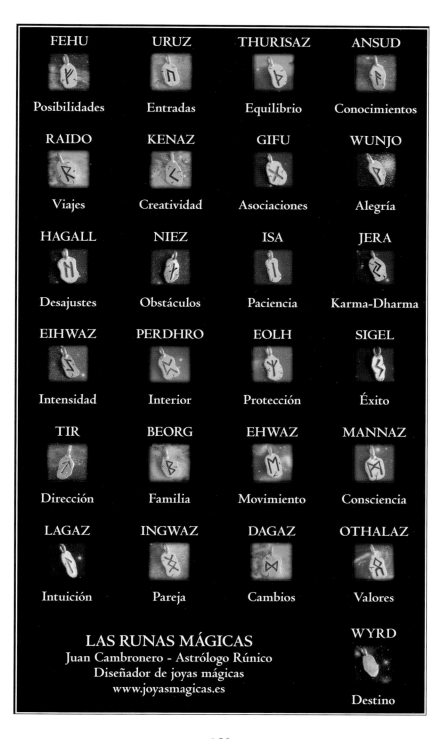

FEHU	**URUZ**	**THURISAZ**	**ANSUD**
Posibilidades	Entradas	Equilibrio	Conocimientos
RAIDO	**KENAZ**	**GIFU**	**WUNJO**
Viajes	Creatividad	Asociaciones	Alegría
HAGALL	**NIEZ**	**ISA**	**JERA**
Desajustes	Obstáculos	Paciencia	Karma-Dharma
EIHWAZ	**PERDHRO**	**EOLH**	**SIGEL**
Intensidad	Interior	Protección	Éxito
TIR	**BEORG**	**EHWAZ**	**MANNAZ**
Dirección	Familia	Movimiento	Consciencia
LAGAZ	**INGWAZ**	**DAGAZ**	**OTHALAZ**
Intuición	Pareja	Cambios	Valores
			WYRD
			Destino

LAS RUNAS MÁGICAS
Juan Cambronero - Astrólogo Rúnico
Diseñador de joyas mágicas
www.joyasmagicas.es

Índice

Prefacio 7

Dedicado a… 11

Vive, siente, descúbrete… 13

Olvidé 15

Introducción 17

Historia, interpretación y funcionamiento de las runas 17

Las claves del conocimiento inconsciente a través
de los símbolos rúnicos 17

Breve historia de las runas 18

Mitología 18

Un método innovador y holístico para el siglo XXI 19

¿Qué es una runa? 19

Origen de las runas 21

Las runas celtas 22

Cómo consultar las runas 22

Cómo escoger las runas 23

Qué runa ponerse 25

Elaboración, limpieza y ritualización de las runas 25

Las veinticinco runas 27

Lanzamientos con runas 79

Lanzamiento único 79

Lanzamiento de tres runas 79

Pasado-presente-futuro 79

Lanzamiento en cruz 80

Lanzamiento de runas a través de los arcanos 81

Lectura astrológica con runas y cartas combinadas 81

El Mago 82

La Sacerdotisa 82

La Emperatriz 83
El Emperador 83
El Sumo Sacerdote 84
Los Enamorados 84
El Carro 85
La Justicia 85
El Ermitaño 86
La Rueda de la Fortuna 86
La Fuerza 87
El Colgado 87
La Muerte 88
La Templanza 88
El Diablo 89
La Torre 89
La Estrella 90
La Luna 90
El Sol 91
El Juicio 91
El Mundo 92
El Loco 92
Lanzamiento anual (mes a mes) 93
Lanzamiento a través de los doce colores 94
Lanzamiento astrológico con runas 96
Las doce casas o sectores astrológicos a través de las runas 97
Astrología y runas 105
Ejes astrológicos 106
Las doce casas y sus runas 108
Los cuatro elementos 109
Las modalidades astrológicas 110
Los doce signos del zodiaco y sus runas 111

Los planetas 113
El Sol ☉ 113
Mercurio ☿ 114
Venus ♀ 115
La tierra 116
La luna ☾ 117
Marte ♂ 118
Júpiter ♃ 120

Saturno ♄ 121

Urano ♅ 123

Neptuno ♆ 124

Plutón ♇ 125

Aspectos básicos que forman los planetas en una carta astral 127

Conjunción 127

Trígono 127

Cuadratura 128

Oposición 128

Sextil 128

La carta Dhármica 129

La magia de los números 131

Cálculo del número de vida 131

Predicción de los ciclos actuales o futuros 131

El 1 132

El 2 132

El 3 133

El 4 133

El 5 133

El 6 134

El 7 134

El 8 134

El 9 135

Números maestros 135

El número 11 135

El número 22 136

El poder de las gemas 137

La alquimia de las gemas 137

Limpieza y ritualización de las gemas y las runas 138

Cómo se cargan y limpian energéticamente 138

Las gemas por colores y sus aplicaciones energéticas 139

Las gemas rojas y granates o las gemas de Marte 139

Las gemas tranparentes incoloras y azuladas,
o piedras de Júpiter 139

Las gemas oscuras, plomizas y negras, o gemas de Saturno 140

Correspondencias zodiacales con las gemas 141

Las gemas una a una y sus aplicaciones energéticas 142

Los chakras 147

Primer chakra: Muladhara, o chakra raíz 147

Segundo chakra: Suadhisthana 147

Tercer chakra: Manipura, o plexo solar 148

Cuarto chakra: Anahata, o chakra del corazón 148

Quinto chakra: Vishuddha, o de la garganta 148

Sexto chakra: Agña, o tercer ojo 149

Séptimo chakra: Sahasura, o corona 149

Biografía 151